TRAINING LATEIN

Gerhard Metzger

Wortkunde

für alle Klassenstufen

STARK

Bildnachweis
Umschlag, S. 1: Inschrift aus dem 5. Jh. n. Chr. im Kolosseum, Rom. Foto: © Offscreen/Fotolia.com
S. 89: Statue eine Diskuswerfers, römische Bronzekopie, 2. Jh. n. Chr. München, Glyptothek.
Foto: Matthias Kabel

ISBN: 978-3-89449-308-0

www.stark-verlag.de
neu bearbeitete Auflage
1. Auflage 1998

Inhalt

Fortsetzung siehe nächste Seite

Autor: Gerhard Metzger

Vorwort

Liebe Schülerin, lieber Schüler,

die vorliegende Wortkunde ist mit knapp 1 800 Wörtern so konzipiert, dass Sie sie in überschaubarer Zeit durcharbeiten können. Dadurch wird vermieden, dass Sie beim Lernen mitten im Wortschatz „steckenbleiben".

Die **„Alphabetische Wortkunde"** orientiert sich in der Wörterzahl und der Wortauswahl an gängigen lateinischen Lehrbüchern. Ihnen begegnet hier also Vertrautes. **Häufig vorkommende Wörter** sind farbig hervorgehoben. Diese rund 700 Wörter decken allein schon etwa Dreiviertel der Wörter ab, die in den an Schulen gelesenen lateinischen Texten erscheinen. Mit dem gesamten Wortschatz dieser leicht zu wiederholenden Wortkunde sind Sie für die Lateinlektüre also bestens gerüstet.

Die Anordnung des **Wortschatzes nach Wortfamilien** ermöglicht Ihnen zudem ein sinnvolles, logisches und damit auch leichteres Lernen. Die Verben sind durchgehend mit ihren Stammformen aufgeführt. **„Pronomina"** und **„Zahlen"** bilden jeweils ein eigenes Kapitel, damit sie schnell in ihrer Gesamtheit überblickt werden können. Dies ist vor allem für die so zahlreich in Texten vorkommenden Pronomina wichtig.

Im **Trainingsteil** dieses Bands finden Sie eine Anleitung zum **„Erkennen unbekannter Wörter"**. Sie gibt Ihnen beispielsweise Sicherheit bei der Differenzierung von Wortbedeutungen. Das Kapitel **„Lateinische Wurzeln neusprachlicher Wörter"** bietet Ihnen eine knappe Einführung zum Fortleben des Lateins in modernen Sprachen und wird Sie auch mit dem lateinischen Wortschatz der Antike vertrauter machen. Das Kapitel ist auch mit Blick auf entsprechende Aufgabenstellungen im Lateinabitur abgefasst.

Anhand von abwechslungsreichen **Übungsaufgaben** können Sie das Erschließen des Wortschatzes trainieren. Bearbeiten Sie diese erst schriftlich, bevor Sie sie im **Lösungsteil** nachschlagen.

Im **Register** sind bis auf die Pronomina und die Zahlen *alle* Wörter der Wortkunde enthalten. Wenn Sie also nicht wissen, zu welcher Wortfamilie ein Wort gehört, können Sie hier nachsehen, wo Sie es finden.

Nun wünsche ich viel Spaß und Erfolg beim Lernen!

Gerhard Metzger

Gerhard Metzger

Abkürzungsverzeichnis

Abl.	Ablativ
Adv.	Adverb
Akk.	Akkusativ
f.	Femininum
Gen.	Genitiv
m.	Maskulinum
n.	Neutrum
Pl.	Plural
Präp.	Präposition
<...>	bezeichnet Stammformen, die von anderen Verben genommen sind

Alphabetische Wortkunde

A

a/ab Präp. mit Abl.	von, von … her, seit	a Gallis ad Germanos ire: *von den Galliern zu den Germanen gehen*
acer, acris, acre	scharf, spitz, feurig, eifrig	
acies, aciei f.	Schärfe, Schlachtordnung	
acerbus, -a, -um	herb, bitter, grausam	hostis acerbus: *ein grausamer Feind*
acutus, -a, -um	scharf, spitz	
ad Präp. mit Akk.	zu, an, bei	ad ripam fluvii: *am/zum Ufer des Flusses*
atque/ac	und	
aedes, aedis f.	Tempel, Pl.: Haus	
aedificare aedifico, aedificavi, aedificatum	bauen	
aedificium	Gebäude	
aedilis, aedilis m.	Ädil (Polizeibeamter)	
aeger, aegra, aegrum	krank	femina aegra: *die kranke Frau*
aegre Adv.	mit Mühe, kaum, ungern	aegre ferre offensionem: *über die Beleidigung ungehalten sein*
(aemulus	nacheifernd, wetteifernd)	
imitari imitor, imitatus sum	nachahmen	
imago, imaginis f.	Bild	
aequus, -a, -um	eben, gleich, gerecht	aequo animo tolerare: *mit Gleichmut ertragen*
iniquus, -a, -um	ungleich, ungerecht	
aequalis, -e	gleich, gleichaltrig	
aequitas, aequitatis f.	Gleichheit, Gerechtigkeit, Gelassenheit	
aequor, aequoris n.	Meeresfläche, Meer	
aequare aequo, aequavi, aequatum	gleichmachen, gleichkommen	Nemo Socratem sapientia aequavit: *Niemand kam Sokrates an Weisheit gleich.*

aes, aeris n.	Erz, Kupfer, Geld	aes alienum facere: *Schulden machen*
aestimare aestimo, aestimavi, aestimatum	schätzen, beurteilen	
existimare existimo, existimavi	schätzen, urteilen, meinen	
aestas, aestatis f.	Sommer	
aestus, aestūs m.	Hitze, Brandung	navis aestu rapta: *das von der Brandung hinweggerissene Schiff*
aetas, aetatis f.	Lebensalter, Zeitalter, Zeit	
aeternus, -a, -um	ewig	
ager, agri	Acker, Feld, Pl.: Gebiet	agros Helvetiorum transire: *durch das Gebiet der Helvetier ziehen*
agrestis, -e	ländlich, bäuerlich	
agricola m.	Bauer	
agricultura	Ackerbau	
agere ago, egi, actum	treiben, betreiben, verhandeln	
igitur Adv.	also, folglich	
actio, actionis f.	Handlung	
agmen, agminis n.	Zug, Schar	agmen primum: *die Vorhut*
cogere cogo, coegi, coactum	zusammentreiben, sammeln, zwingen	
degere dego, –, –	verbringen, verleben	vitam in paupertate degere: *sein Leben in Armut verbringen*
exigere exigo, exegi, exactum	heraustreiben, fordern, vollenden	
redigere redigo, redegi, redactum	zurücktreiben, in einen Zustand versetzen	aliquem servum redigere: jemand zum Sklaven machen
subigere subigo, subegi, subactum	unterwerfen	
agitare agito, agitavi, agitatum	jagen, treiben, betreiben	
cogitare cogito, cogitavi, cogitatum	denken	
ait	er sagt, er hat gesagt	

A

alere alo, alui, altum	ernähren, fördern	
altus, -a, -um	hoch, tief	
adulescens, adulescentis m.	junger Mann	
proles, prolis f.	Nachkomme, Nachkommenschaft	
alius, alia, aliud	ein anderer	
alienus, -a, -um	fremd	
alibi Adv.	anderswo	
aliter Adv.	anders, sonst	
aliquando Adv.	irgendwann, einmal	
aliquantum	ziemlich viel	aliquantum pecuniae: *ziemlich viel Geld*
alter, -a, -um	der eine von zweien, der andere, der Nächste	alterum amore complecti: *den Nächsten mit Liebe umfangen*
amare amo, amavi, amatum	lieben	
amor, amoris m.	Liebe	
amicus, -a, -um	befreundet	
amicitia	Freundschaft	
inimicitiae, inimicitiarum	Feindschaft	
inimicus, -a, -um	feindlich	
ambulare ambulo, ambulavi, ambulatum	spazieren gehen	
amplus, -a, -um	weit, geräumig, ansehnlich	
an	ob, ob nicht, oder	Haud scio, an etiam philosophi errent: *Ich weiß nicht, ob nicht auch Philosophen irren.* Utrum mundus a deo factus est an casu ortus est?: *Ist die Welt von Gott erschaffen worden oder durch Zufall entstanden?*
angustus, -a, -um	eng	
angustiae, angustiarum	Enge, Engpass, Schwierigkeiten	
animus	Seele, Geist, Mut	
anima	Atem, Seele, Leben	
animal, animalis n.	Lebewesen, Tier	

annus	Jahr	
quotannis Adv.	alljährlich	
ante	vor	ante portam: *vor dem Tor*
antea Adv.	vorher, früher	
antequam	ehe, bevor	Cogita, antequam dicis: *Denke, bevor du sprichst.*
antiquus, -a, -um	alt, altertümlich	
aperire aperio, aperui, apertum	öffnen, aufdecken	
aptus, -a, -um	passend, geeignet	
apud Präp. mit Akk.	bei	apud Ciceronem legimus: *bei Cicero lesen wir*
adipisci adipiscor, adeptus sum	erlangen, erreichen	
aqua	Wasser	
aquila	Adler	
arbiter, arbitri m.	Schiedsrichter	
arbitrari arbitror, arbitratus sum	glauben, meinen	
arbitrium	Meinung, Urteil	
arbor, arboris f.	Baum	
arcēre arceo, arcui, –	abhalten, fernhalten	
arx, arcis f.	Burg	
coercēre coerceo, coercui, coercitum	zusammenhalten, zügeln	
exercēre exerceo, exercui, exercitum	üben	animum artibus bonis exercere: *seinen Geist in den schönen Künsten üben*
exercitus, -ūs m.	Heer	
arcessere arcesso, arcessivi, arcessitum	herbeiholen, herbeirufen	
ardēre ardeo, arsi, arsurus	brennen, glühen	Puer amore puellae ardebat: *Der Junge glühte in Liebe zum Mädchen.*
ardor, ardoris m.	Glut, Leidenschaft	
ara	Altar	
arena	Sand, Kampfplatz, Arena	

A

argentum	Silber, Geld	
arguere arguo, argui, <accusatum>	beschuldigen, anklagen	
argumentum	Beweis, Begründung	
arma, armorum n. Pl.	Waffen, Gerät	
ars, artis f.	Kunst, Fertigkeit, Wissenschaft	
artifex, artificis m.	Künstler	
artificium	Kunstwerk	
iners, inertis	ungeschickt, träge	
as, assis m.	As (Kupfermünze)	
asper, -a, -um	rau	
astrum	Stern, Gestirn	per aspera ad astra: *durch Mühen zu den Gestirnen (aufsteigen)*
at	aber, jedoch	
atqui	und doch, aber doch	
ater, atra, atrum	schwarz, düster	dies atri: *unheilvolle Tage*
atrox, atrocis	schrecklich, furchtbar	
audēre audeo, ausus sum	wagen	
audax, audacis	mutig, kühn	
audacia	Mut, Kühnheit	
avarus, -a, -um	habsüchtig, geizig	
avaritia	Habsucht, Geiz	
audire audio, audivi, auditum	hören	
augēre augeo, auxi, auctum	vermehren, fördern	
auctor, auctoris m.	Urheber, Gründer, Verfasser	
auctoritas, auctoritatis f.	Ansehen, Einfluss	
auxilium	Hilfe	
auris, auris f.	Ohr	
aurum	Gold	
aut	oder	
autem	aber	Ego autem tacui: *Ich aber schwieg.*
avis, avis f.	Vogel	
avus	Großvater	

B

barbarus, -a, -um	barbarisch, ungebildet	
beatus, -a, -um	glücklich	
bellum	Krieg	
bestia	Tier	
bibere bibo, bibi, <potum>	trinken	
bonus, -a, -um	gut, tüchtig	bonus, melior, optimus: *gut, besser, am besten*
bene Adv.	gut	bene loqui: *gut reden*
bos, bovis m./f.	Rind, Stier, Kuh	
brevis, -e	kurz	Brevi (tempore) eum respiciemus: *Bald werden wir ihn wiedersehen.*

C

cadere cado, cecidi, casurus	fallen	
casus, -ūs m.	Fall, Zufall	
accidere accido, accidi, –	sich ereignen, zustoßen	Accidit, ut id nuntiaretur: *Es ereignete sich, dass dies gemeldet wurde.*
incidere incido, incidi, –	hineinfallen, geraten in	in magna pericula incidere: *in große Gefahren geraten*
occidere occido, occidi, occasurus	fallen, untergehen, zugrunde gehen	
occidens, occidentis m.	Westen, Abendland	
occasio, occasionis f.	Gelegenheit	
occasus, occasūs m.	Untergang (der Sonne), Westen	
caecus, -a, -um	blind	
caedere caedo, cecidi, caesum	fällen, niederhauen	
caedes, caedis f.	Mord	
occīdere occido, occidi, occisum	niederschlagen, töten	
caelum	Himmel, Wetter	
caelestis, -e	himmlisch	
calamitas, calamitatis f.	Unglück	
incolumis, -e	unverletzt, unversehrt, heil	
clades, cladis f.	Niederlage	
percellere percello, perculi, perculsum	erschüttern	
campus	Feld	campus Martius: *Marsfeld*
accendere accendo, accendi, accensum	anzünden	
incendere incendo, incendi, incensum	anzünden, entflammen	
incendium	Brand	

canere cano, cecini, <cantatum>	singen, besingen, spielen	tuba canere: *(mit der) Trompete spielen*
carmen, carminis n.	Lied, Gedicht	
canis, canis m.	Hund	
capere capio, cepi, captum	nehmen, ergreifen, fangen	
captivus, -a, -um	kriegsgefangen	
accipere accipio, accepi, acceptum	annehmen, empfangen	
decipere decipio, decepi, deceptum	täuschen	
discipulus	Schüler	
disciplina	Lehre, Erziehung, Zucht	
excipere excipio, excepi, exceptum	herausnehmen, aufnehmen	
incipere incipio, <coepi>, <coeptum>	anfangen, beginnen	Proelium incipit: *Die Schlacht beginnt.* Puella canere coepit: *Das Mädchen begann zu singen.*
occupare occupo, occupavi, occupatum	besetzen	
praecipere praecipio, praecepi, praeceptum	vorwegnehmen, vorschreiben	
praeceptum	Vorschrift, Lehre, Regel	
praecipuus, -a, -um	vornehmlich, besonders	
recipere recipio, recepi, receptum	zurücknehmen, aufnehmen	Hostes se receperunt: *Die Feinde zogen sich zurück.*
suscipere suscipio, suscepi, susceptum	aufnehmen, übernehmen	
caput, capitis n.	Kopf, Hauptsache, Hauptstadt	
praeceps, praecipitis	kopfüber, überstürzt, abschüssig	Inimicum praecipitem de tecto iecit: *Er warf den Feind kopfüber vom Dach.* homo in omnibus consiliis praeceps: *ein bei allen Entschlüssen voreiliger Mensch*
praecipitare praecipito, praecipitavi, praecipitatum	hinabstürzen	se in saltum praecipitare: *sich in die Schlucht hinabstürzen*
carcer, carceris m.	Kerker, Gefängnis	

C

carēre careo, carui, cariturus	entbehren, nicht haben	doloribus carere: *von Schmerzen frei sein*
carpere carpo, carpsi, carptum	pflücken	
carus, -a, -um	lieb, teuer	
caritas, caritatis f.	Liebe	
castra, castrorum n. Pl.	Lager	
causa	Ursache, Grund, Prozess	
causā mit Gen.	um … willen	Liberorum causa parentes laborant: *Um der Kinder willen arbeiten die Eltern.*
accusare accuso, accusavi, accusatum	anklagen, beschuldigen	
excusare excuso, excusavi, excusatum	entschuldigen	
recusare recuso, recusavi, recusatum	ablehnen, sich weigern	
cavēre caveo, cavi, cautum	achtgeben, sich hüten	Cave canem!: *Hüte dich vor dem Hund!*
cedere cedo, cessi, cessum	gehen, weichen	
necesse est	es ist notwendig	
necessarius, -a, -um	notwendig, nahestehend, verwandt	
necessitas, necessitatis f.	Notwendigkeit	
accedere accedo, accessi, accessum	herangehen, heranrücken, hinzutreten	
concedere concedo, concessi, concessum	weichen, zugestehen, erlauben	
decedere decedo, decessi, decessum	weggehen, sterben	
discedere discedo, discessi, discessum	auseinandergehen, weggehen	
incedere incedo, incessi, incessum	einhergehen, hineingehen, befallen	Timor omnes incessit: *Furcht befiel alle.*
intercedere intercedo, intercessi, intercessum	dazwischentreten	
procedere procedo, processi, processum	vorwärtsgehen, vorrücken	
recedere recedo, recessi, recessum	zurückweichen, sich zurückziehen	

secedere secedo, secessi, secessum	weggehen	
succedere succedo, successi, successum	nachfolgen, nachrücken	Ciceroni in consulatu successit: *Er folgte Cicero im Konsulat nach.*
celare celo, celavi, celatum	verbergen, geheim halten	Amicos nihil celamus: *Vor unseren Freunden verbergen wir nichts.*
clam Adv.	heimlich	
color, coloris m.	Farbe	
celebrare celebro, celebravi, celebratum	feiern, verherrlichen, besuchen	
celeber, celebris, celebre	gefeiert, berühmt, viel besucht	
celer, celeris, celere	schnell	
cella	Kammer, Vorratskammer, Tempelinneres	
collis, collis m.	Hügel	
excellere excello, –, –	hervorragen, sich auszeichnen	
cena	Essen, Mahlzeit	
cenare ceno, cenavi, cenatum	essen, speisen	
censēre censeo, censui, censum	schätzen, meinen	rem familiarem censere: *das Vermögen schätzen* Ceterum censeo Carthaginem esse delendam: *Im Übrigen beantrage ich, Karthago zu zerstören.*
censor, censoris m.	Zensor	Censor vitia civium notavit: *Der Zensor kritisierte die Fehler der Bürger.*
centurio, centurionis m.	Zenturio, Hauptmann	
cernere cerno, –, –	sehen	
certus, -a, -um	sicher, zuverlässig	
incertus, -a, -um	unsicher, unzuverlässig	
certare certo, certavi, certatum	streiten, kämpfen	
decertare decerto, decertavi, decertatum	bis zur Entscheidung kämpfen	
certamen, certaminis n.	Kampf, Wettstreit	

decernere decerno, decrevi, decretum	entscheiden, beschließen	
decretum	Entscheidung, Beschluss	
discernere discerno, discrevi, discretum	unterscheiden, trennen	
discrimen, discriminis n.	Unterschied, Entscheidung, Gefahr	
secernere secerno, secrevi, secretum	absondern, trennen	
ceteri, -ae, -a	die übrigen	
ceterum Adv.	übrigens, im Übrigen	
cibus	Speise, Nahrung	
cito Adv.	schnell, rasch	cito discere aliquid: *etwas schnell lernen*
excitare excito, excitavi, excitatum	aufwecken, erregen, verursachen	
recitare recito, recitavi, recitatum	vorlesen, vortragen	
sollicitare sollicito, sollicitavi, sollicitatum	heftig erregen, beunruhigen, aufstacheln	
sollicitus, -a, -um	aufgeregt, beunruhigt	
concilium	Versammlung	
conciliare concilio, conciliavi, conciliatum	gewinnen, versöhnen	inimicos sibi conciliare: *die Feinde für sich gewinnen*
cingere cingo, cinxi, cinctum	umgürten, umgeben	
circus	Kreis, Ring, Rennbahn	
circa (circum) Präp. mit Akk.	um … herum	circa urbem muros ducere: *um die Stadt Mauern aufführen*
circiter Adv.	ungefähr	
civis, civis m.	Bürger	
civitas, civitatis f.	Bürgerschaft, Staat	
civilis, civile	bürgerlich, öffentlich	
clamare clamo, clamavi, clamatum	schreien, rufen	
clamor, clamoris m.	Geschrei	
clarus, -a, -um	hell, klar, berühmt	
praeclarus, -a, -um	glänzend, herrlich, vortrefflich	
classis, classis f.	Abteilung, Flotte	

claudere claudo, clausi, clausum	schließen, verschließen, absperren	
intercludere intercludo, interclusi, interclusum	abschließen, trennen von	Exercitus commeatu interclusus est: *Das Heer ist vom Nachschub abgeschnitten worden.*
clemens, clementis	mild, sanft	
clementia	Milde	
cliens, clientis m.	Klient	Cliens patronum salutatum it: *Der Klient geht zur Begrüßung seines Patrons.*
colere colo, colui, cultum	bebauen, pflegen, verehren	
cultus, cultūs m.	Pflege, Bildung, Verehrung	
colonia	Siedlung, Kolonie	
incolere incolo, incolui, incultum	wohnen, bewohnen	
collum	Hals	
conari conor, conatus sum	versuchen	
contra Präp. mit Akk.	gegen	contra hostes: *gegen die Feinde*
cor, cordis n.	Herz	
concordia	Eintracht	
discordia	Zwietracht	
recordari recordor, recordatus sum	sich erinnern	
corpus, corporis n.	Körper	
cras Adv.	morgen	
crescere cresco, crevi, –	wachsen	
creare creo, creavi, creatum	schaffen, erschaffen, wählen	
creber, crebra, crebrum	zahlreich, häufig	crebrae arbores: *zahlreiche Bäume*
crimen, criminis n.	Vorwurf, Anklage, Verbrechen	
crudelis, -e	grausam	
crudelitas, crudelitatis f.	Grausamkeit	
crux, crucis f.	Kreuz	

cubare cubo, cubui, cubitum	liegen	
culpa	Schuld	
cum Präp. mit Abl.	mit	cum amica ambulare: *mit der Freundin spazieren gehen*
cum mit Konjunktiv	als, nachdem, weil, obwohl, während	
cum mit Indikativ	als plötzlich, jedesmal wenn, indem	
cunctari cunctor, cunctatus sum	zögern	
cuncti, -ae, -a	alle	
cupere cupio, cupivi, cupitum	begehren, verlangen, wünschen	
cupidus, -a, -um	begierig	Milites gloriae cupidi pugnant: *Die Soldaten kämpfen begierig nach Ruhm.*
cupiditas, cupiditatis f.	Begierde, Leidenschaft	
cupido, cupidinis f.	Begierde, Leidenschaft	
cura	Sorge, Pflege	
curare curo, curavi, curatum	besorgen, pflegen	
securus, -a, -um	sorglos, sicher	
curia	Rathaus (Versammlungsort des Senats)	
currere curro, cucurri, cursum	laufen	
cursus, cursūs m.	Lauf	
concurrere concurro, concurri, concursum	zusammenlaufen, zusammenstoßen	
occurrere occurro, occurri, occursum	entgegenlaufen, begegnen	
concutere concutio, concussi, concussum	erschüttern	
percutere percutio, percussi, percussum	erschüttern, durchstoßen	pectus gladio percutere: *das Herz mit dem Schwert durchstoßen*
custos, custodis m.	Wächter	
custodia	Wache, Bewachung, Haft	aliquem custodiae committere: *jemanden in Haft nehmen*

D

damnare damno, damnavi, damnatum	verurteilen	
damnum	Schaden, Verlust	
dare do, dedi, datum	geben	
donare dono, donavi, donatum	schenken, beschenken	
donum	Geschenk	
circumdare circumdo, circumdedi, circumdatum	umgeben	
abdere abdo, abdidi, abditum	verstecken	
addere addo, addidi, additum	hinzugeben, hinzufügen	
condere condo, condidi, conditum	gründen, bewahren	
credere credo, credidi, creditum	glauben, anvertrauen	Credo in unum deum: *Ich glaube an den einen Gott.*
incredibilis, -e	unglaubwürdig, unglaublich	incredibile dictu: *unglaublich zu sagen*
dedere dedo, dedidi, deditum	preisgeben, ausliefern	
deditio, deditionis f.	Übergabe, Unterwerfung	
edere edo, edidi, editum	herausgeben, verkünden	
perdere perdo, perdidi, perditum	verderben, vernichten, verlieren	
praeditus, -a, -um	ausgestattet, begabt mit	vates sensu divino praeditus: *der mit göttlichem Sinn ausgestattete Seher*
prodere prodo, prodidi, proditum	verraten, preisgeben	
proditio, proditionis f.	Verrat	
reddere reddo, reddidi, redditum	zurückgeben, machen	Ulixes Polyphemum caecum reddidit: *Odysseus machte Polyphem blind (blendete Polyphem).*

tradere trado, tradidi, traditum	übergeben, überliefern	Alexander saepe vulneratus esse traditur: *Es wird überliefert, dass Alexander oft verwundet wurde.*
de Präp. mit Abl.	von … herab, über	de tecto salire: *vom Dach herabspringen* de piratis narrare: *über die (von den) Piraten erzählen*
denique Adv.	schließlich, endlich	
decet decet, decuit	es ziemt sich, es gehört sich	
decus, decoris n.	Zierde, Reiz, Ehre	
dedecus, dedecoris n.	Schande	
dignus, -a, -um	würdig	
indignus, -a, -um	unwürdig	
dignitas, dignitatis f.	Würde	
indignari indignor, indignatus sum	empört sein, sich ärgern	
delēre deleo, delevi, deletum	zerstören	
demum Adv.	schließlich, endlich	
dens, dentis m.	Zahn	
deus	Gott	
divinus, -a, -um	göttlich	
dexter, -a, -um	rechts	
dicere dico, dixi, dictum	sagen, sprechen, nennen	
dictator, dictatoris m.	Diktator	
dicio, dicionis f.	Gewalt, Herrschaft	regnum dicionis suae facere: *das Königtum in seine Gewalt bringen*
condicio, condicionis f.	Bedingung, Lage	
edictum	Erlass	edictum principis: *kaiserlicher Erlass*
indicere indico, indixi, indictum	ankündigen	
interdicere interdico, interdixi, interdictum	untersagen	tibi domo interdico: *ich verbiete dir mein Haus*
indicare indico, indicavi, indicatum	anzeigen, melden	

praedicere praedico, praedixi, praedictum	voraussagen, vorschreiben	
praedicare praedico, praedicavi, praedicatum	verkünden, behaupten, predigen	
dies, diei m.	Tag	
meridies, meridiei m.	Mittag, Süden	
diu (diutius) Adv.	lang (länger)	Spe diutius hostis manebat: *Der Feind blieb länger als erwartet.*
cottidie Adv.	täglich	Amica cottidie me visitavit: *Die Freundin besuchte mich täglich.*
hodie Adv.	heute	
dives, divitis	reich	
divitiae, divitiarum	Reichtum	
docēre doceo, docui, doctum	lehren, unterrichten	Doceo te artes liberales: *Ich lehre dich die freien Künste.*
doctus, -a, -um	gelehrt, gebildet	
doctrina	Lehre, Unterricht	
documentum	Beweis	documentum criminis dare: *einen Beweis für das Verbrechen bringen*
discere disco, didici, –	lernen	
dolēre doleo, dolui, doliturus	schmerzen, Schmerz empfinden	Pes mihi dolet: *Der Fuß tut mir weh.* Multi dolent laude aliena: *Viele leiden unter fremdem Lob.*
dolor, doloris m.	Schmerz	
dolus	List	
domare domo, domui, domitum	zähmen, bändigen	
domus, domūs f.	Haus	
dominus	Herr	
donec	solange als, solange bis	Laboro, donec sol nitet: *Ich arbeite, solange die Sonne scheint.* Laboro, donec nox venit: *Ich arbeite, bis die Nacht kommt.*
dormire dormio, dormivi, dormitum	schlafen	

dubius, -a, -um	zweifelhaft, unsicher	
dubitare dubito, dubitavi, dubitatum	zweifeln, zögern	
ducere duco, duxi, ductum	führen	
dux, ducis m.	Führer	
adducere adduco, adduxi, adductum	hinführen, veranlassen	
conducere conduco, conduxi, conductum	zusammenführen, anwerben, mieten	
deducere deduco, deduxi, deductum	wegführen	
educere educo, eduxi, eductum	herausführen	
inducere induco, induxi, inductum	hineinführen, verführen	pecunia ad scelus inducere: *durch Geld zu einem Verbrechen verführen*
perducere perduco, perduxi, perductum	ans Ziel führen, durchführen	
producere produco, produxi, productum	vorführen, hervorbringen, weiterführen	
reducere reduco, reduxi, reductum	zurückführen	
traducere traduco, traduxi, traductum	hinüberführen, übersetzen	
educare educo, educavi, educatum	aufziehen, erziehen	
dulcis, dulce	süß	
dum	während, solange als, solange bis	
dummodo	wenn nur	Omnia tolerare possumus, dummodo vivamus: *Wir können alles ertragen, wenn wir nur am Leben sind.*
nondum Adv.	noch nicht	
durus, -a, -um	hart	

D

E

ecce	schau! schaut!	Ecce homo: *schaut, (welch) ein Mensch!*
egēre egeo, egui, –	bedürfen, nötig haben	Pane egemus: *Wir brauchen Brot.*
emere emo, emi, emptum	nehmen, kaufen	
adimere adimo, ademi, ademptum	an sich nehmen, wegnehmen	alicui vitam adimere: *jemand das Leben nehmen*
demere demo, dempsi, demptum	wegnehmen	
dirimere dirimo, diremi, diremptum	auseinander nehmen, trennen	
exemplum	Beispiel, Vorbild	
praemium	Belohnung	
promere promo, prompsi, promptum	hervorholen, enthüllen	
redimere redimo, redemi, redemptum	zurücknehmen, zurückkaufen	
sumere sumo, sumpsi, sumptum	nehmen	
consumere consumo, consumpsi, consumptum	verbrauchen, aufbrauchen	
epistula	Brief	
equus	Pferd	
eques, equitis m.	Reiter, Ritter	
equitatus, equitatūs m.	Reiterei	
equester, -tris, -tre	zum Reiter gehörig	
errare erro, erravi, erratum	irren	erratum: *der Irrtum*
error, erroris m.	Irrtum, Irrfahrt	
esse sum, fui, futurus	sein	
abesse absum, afui, afuturus	abwesend sein, entfernt sein	
absens, absentis	abwesend	

adesse adsum, affui, affuturus	anwesend sein, helfen	
deesse desum, defui	fehlen, mangeln	
inesse insum, –	darin sein	
interesse intersum, interfui	dabei sein, teilnehmen	pugnae interesse/in pugna interesse: *am Kampf teilnehmen*
interest interest, interfuit	es ist ein Unterschied, es ist wichtig	Interest inter hominem et bestiam: *Es besteht ein Unterschied zwischen Mensch und Tier.* Interest omnes id cogitare: *Es ist wichtig, dass alle dies bedenken.*
posse possum, potui	können	
praeesse praesum, praefui, praefuturus	an der Spitze stehen, leiten	Imperator toti civitati praeest: *Der Kaiser lenkt den gesamten Staat.*
praesens, praesentis	anwesend, gegenwärtig	
prodesse prosum, profui	nützen	Ut mihi prosit vestra gratia: *Dass mir euer Dank nützen möge.*
superesse supersum, superfui	übrig sein, überleben	Pater filio superfuit: *Der Vater überlebte seinen Sohn.*
et	und	
e/ex Präp. mit Abl.	aus … heraus	E domo cedit: *Er kommt aus dem Haus.*
extra Präp. mit Akk.	außerhalb	extra muros: *außerhalb der Mauern*
exterior, -ius	der äußere	exterior orbis: der äußere Kreis
extremus, -a, -um	der äußerste, der letzte	
exilium	Verbannung	

F

faber, fabri	Handwerker	opus fabri: *das Werkstück des Handwerkers*
facere facio, feci, factum	tun, machen	
factum	Tat	
profecto Adv.	in der Tat, wirklich	
factio, factionis f.	Partei, politische Interessengruppe	Erant tum in Gallia duae factiones: *Es gab damals in Gallien zwei Parteien.*
facinus, facinoris n.	Tat, Untat	
facilis, facile	leicht	Hoc facile intellectu est: *Das ist leicht einzusehen.*
facultas, facultatis f.	Möglichkeit, Fähigkeit	
difficilis, difficile	schwer	difficile factu: *schwer zu machen*
difficultas, difficultatis f.	Schwierigkeit	
facies, faciei f.	Gesicht, Aussehen	
beneficium	Wohltat	
afficere afficio, affeci, affectum	versehen mit	Caesar populum amore sui affecit: *Caesar erfüllte das Volk mit Liebe zu sich (seiner Person).*
assuefacere assuefacio, assuefeci, assuefactum	gewöhnen	milites ad pugnam assuefacere: *die Soldaten an den Kampf gewöhnen*
conficere conficio, confeci, confectum	vollenden, aufreiben	bestiam multis vulneribus conficere: *ein Tier durch viele Wunden zugrunde richten*
deficere deficio, defeci, defectum	abfallen, fehlen, ausgehen	Socii a Romanis defecerunt: *Die Bundesgenossen fielen von den Römern ab.* Frumentum in bello defecit: *Im Krieg ging das Getreide aus.*
efficere efficio, effeci, effectum	bewirken, durchsetzen	
interficere interficio, interfeci, interfectum	töten	
perficere perficio, perfeci, perfectum	durchsetzen, vollenden	

praeficere praeficio, praefeci, praefectum	an die Spitze stellen	exercitui praeficere aliquem: *jemand an die Spitze des Heeres stellen*
proficere proficio, profeci, profectum	Fortschritte machen	in oppugnatione nihil proficere: *bei der Belagerung keinerlei Fortschritte machen*
proficisci proficiscor, profectus sum	aufbrechen, reisen, marschieren	
fallere fallo, fefelli, –	täuschen	Me non fefellit eum venisse: *Es entging mir nicht, dass er gekommen war.*
falsus, -a, -um	falsch	
fames, famis f.	Hunger	
familia	Hausgemeinschaft, Familie	
familiaris, -e	zum Haus, zur Familie gehörig	
res familiaris f.	Vermögen	
fatum	Götterspruch	
fas n.	göttliches Recht	fas est: *es ist Recht*
nefas n.	Unrecht, Frevel	
nefarius, -a, -um	gottlos, frevelhaft	
fama	Gerücht, Ruf	
fatēri fateor, fassus sum	gestehen, bekennen	
confitēri confiteor, confessus sum	gestehen, bekennen	
profitēri profiteor, professus sum	gestehen, bekennen	philosophiam profiteri: *als Philosophielehrer auftreten*
favēre faveo, favi, fautum	gewogen sein, begünstigen	Brutus plebi favebat: *Brutus begünstigte die Plebs.*
felix, felicis	glücklich	
femina	Frau	
filia	Tochter	
filius	Sohn	
defendere defendo, defendi, defensum	verteidigen	
offendere offendo, offendi, offensum	beleidigen	
fere Adv.	fast	totius fere Galliae legati: *Gesandte aus fast ganz Gallien*

F

ferre fero, tuli, latum	tragen, ertragen, bringen	
forte Adv.	zufällig	
fortasse Adv.	vielleicht	
fortuna	Schicksal, Glück	
fur, furis m.	Dieb	
afferre affero, attuli, allatum	herbeibringen	
auferre aufero, abstuli, ablatum	wegtragen, wegnehmen	
conferre confero, contuli, collatum	zusammentragen, zusammenbringen, vergleichen	
deferre defero, detuli, delatum	überbringen, melden	
differre differo, distuli, dilatum	aufschieben, sich unterscheiden	Imperator impetum iterum atque iterum differebat: *Der Feldherr schob den Angriff immer wieder auf.* Caesar a reliquis valde differebat: *Caesar unterschied sich sehr von allen anderen.*
efferre effero, extuli, elatum	heraustragen, herausheben, bestatten	Patrem multis lacrimis extulerunt: *Sie haben den Vater unter vielen Tränen bestattet.*
inferre infero, intuli, illatum	hineintragen, zufügen	Finitimis bellum intulerunt: *Sie haben die Nachbarn angegriffen*
offerre offero, obtuli, oblatum	entgegenbringen, anbieten	
perferre perfero, pertuli, perlatum	überbringen, ertragen	
praeferre praefero, praetuli, praelatum	vorantragen, vorziehen, zeigen	modestiam praeferre: *Bescheidenheit an den Tag legen*
proferre profero, protuli, prolatum	vortragen, ausdehnen, erweitern	orationem proferre: *eine Rede vortragen* fines proferre: *die Grenzen erweitern*
probrum	Vorwurf, Schande	
referre refero, rettuli, relatum	zurückbringen, melden	

refert refert, retulit	es ist wichtig, es ist daran gelegen	Patris refert filios proficere: *Dem Vater ist daran gelegen, dass die Söhne Fortschritte machen.*
transferre transfero, transtuli, translatum	hinübertragen, übertragen	
ferrum	Eisen, Schwert	
ferus, -a, -um	wild	
ferox, ferocis	wild	
festus, -a, -um	festlich	dies festus: *Festtag*
fanum	Heiligtum	
profanus, -a, -um	unheilig, weltlich	
fides, fidei f.	Treue, Glaube, Vertrauen	
fidus, -a, -um	treu, zuverlässig	
fidelis, -e	treu, zuverlässig	
fiducia	Vertrauen, Zuverlässigkeit	
perfidia	Treulosigkeit	
foedus, foederis n.	Vertrag, Bündnis	
confidere confido, confisus sum	vertrauen	
fieri fio, factus sum	werden, geschehen	Mutatio fiebat: *Es fand ein Wechsel statt.*
figere figo, fixi, fixum	anheften, befestigen	
fingere fingo, finxi, fictum	bilden, formen, erdichten	pocula de humo fingere: *Becher aus Ton formen*
finis, finis m.	Grenze, Ende	Exercitus fines Sequanorum transiit: *Das Heer durchquerte das Gebiet der Sequaner.*
finitimus, -a, -um	benachbart	
finire finio, finivi, finitum	begrenzen, beenden	
definire definio, definivi, definitum	abgrenzen, bestimmen	rem verbis definire: *eine Sache sprachlich definieren*

firmus, -a, -um	stark	
infirmus, -a, -um	schwach	
affirmare affirmo, affirmavi, affirmatum	behaupten	
confirmare confirmo, confirmavi, confirmatum	stärken	
flagitium	Schimpf, Schande	
flamma	Flamme	
inflammare inflammo, inflammavi, inflammatum	anzünden	
flagrare flagro, flagravi, flagratum	brennen, lodern	
fulgēre fulgeo, fulsi, –	blitzen, strahlen	
flectere flecto, flexi, flexum	biegen, beugen	Mentem meam flexit: *Er hat mich umgestimmt.*
flēre fleo, flevi, fletum	weinen, beweinen	filium amissum flere: *den verlorenen Sohn beweinen*
affligere affligo, afflixi, afflictum	niederschlagen	
confligere confligo, conflixi, conflictum	zusammenstoßen, kämpfen	Classe Romani conflixerunt: *Die Römer kämpften mit der Flotte.*
flos, floris m.	Blume, Blüte	
florēre floreo, florui, –	blühen	
fluere fluo, fluxi, –	fließen	
fluctus, fluctūs m.	Fließen, Strömung	
flumen, fluminis n.	Fluss	
foedus, -a, -um	hässlich, schändlich	
fons, fontis m.	Quelle	
forma	Form, Gestalt	
fortis, -e	tapfer	
fortitudo, fortitudinis f.	Tapferkeit	
forum	Marktplatz, Forum	
fossa	Graben	

frangere frango, fregi, fractum	brechen	
frater, fratris m.	Bruder	
fraus, fraudis f.	Täuschung, Betrug	
frustra Adv.	vergeblich	
frequens, frequentis	zahlreich, häufig	
frigus, frigoris n.	Kälte	
frons, frontis f.	Stirn	
frui fruor, fructus sum	genießen	voluptatibus vitae frui: *die Vergnügen des Lebens genießen*
fructus, fructūs m.	Frucht, Ertrag	
frumentum	Getreide	
fugere fugio, fugi, fugiturus	fliehen	vitia turpia fugere: *vor den schändlichen Lastern fliehen*
fuga	Flucht	
fugare fugo, fugavi, fugatum	in die Flucht schlagen, vertreiben	
effugere effugio, effugi, –	entfliehen	carcerem effugere: *dem Kerker entfliehen*
fundere fundo, fudi, fusum	ausgießen, zerstreuen	
diffundere diffundo, diffudi, diffusum	zerstreuen, zersprengen, verbreiten	Fama diffusa est: *Ein Gerücht hat sich verbreitet.*
fundamentum	Grundlage, Fundament	
fungi fungor, functus sum	verrichten, verwalten	Consul munere bene fungebatur: *Der Konsul hat sein Amt gut verwaltet.*
funus, funeris n.	Begräbnis, Verderben	funus rei publicae: *Untergang des Staates*
furor, furoris m.	Wut, Raserei	
furere furo, –, –	wüten, rasen	

F

G

gaudēre gaudeo, gavisus sum	sich freuen	
gaudium	Freude	
gemere gemo, gemui, gemitum	seufzen, stöhnen	
gerere gero, gessi, gestum	tragen, führen, ausführen	bellum gerere: *Krieg führen*
gignere gigno, genui, genitum	erzeugen, hervorbringen	
gens, gentis f.	Geschlecht, Stamm, Volk	
genus, generis n.	Geschlecht, Gattung, Art	Caesar nobili genere natus erat: *Caesar stammte aus vornehmem Geschlecht.*
ingenium	Anlage, Begabung, Verstand	ingenii acies: *Schärfe des Verstandes*
ingens, ingentis	ungeheuer, gewaltig	
nasci nascor, natus sum	geboren werden, entstehen	
natu	von Geburt	maior natu: *älter*
natio, nationis f.	Stamm, Volk	
natura	Natur	
naturalis, -e	natürlich	
gladius	Schwert	
gloria	Ruhm	
gloriari glorior, gloriatus sum	sich rühmen, prahlen	
cognoscere cognosco, cognovi, cognitum	erkennen	
narrare narro, narravi, narratum	erzählen	
novisse	kennen	Noverat omnia: *Er kannte alles.*
notus, -a, -um	bekannt	
notitia	Kenntnis	
ignotus, -a, -um	unbekannt	

ignoscere ignosco, ignovi, ignotum	verzeihen	
nobilis, -e	berühmt, vornehm, adelig	
nobilitas, nobilitatis f.	Berühmtheit, Vornehmheit, Adel	
ignarus, -a, -um	unwissend	
ignorare ignoro, ignoravi, ignoratum	nicht wissen, nicht kennen	
gradus, gradūs m.	Schritt, Stufe, Rang	
aggredi aggredior, aggressus sum	herangehen, angreifen	
congredi congredior, congressus sum	zusammenkommen, kämpfen	
egredi egredior, egressus sum	herausgehen	
progredi progredior, progressus sum	vorrücken, Fortschritte machen	
transgredi transgredior, transgressus sum	hinübergehen, überschreiten	flumen transgredi: *den Fluss überqueren*
grandis, -e	groß, großartig	
gratus, -a, -um	dankbar, angenehm	
gratia	Dank, Gunst	Amico gratiam feci: *Ich habe dem Freund einen Gefallen getan.*
gratiā mit Gen.	um … willen, wegen	liberorum gratiā: *um der Kinder willen, der Kinder wegen*
gravis, -e	schwer, ernst	
grex, gregis m.	Herde, Schar	
egregius, -a, -um	hervorragend, außerordentlich	virgo egregia forma: *ein Mädchen von außerordentlicher Schönheit*
gubernare guberno, gubernavi, gubernatum	steuern, lenken	
gubernator, -oris m.	Steuermann	

G

H

habēre habeo, habui, habitum	haben, halten	
habitare habito, habitavi, habitatum	wohnen	
adhibēre adhibeo, adhibui, adhibitum	anwenden	vim adhibere: *Gewalt anwenden*
cohibēre cohibeo, cohibui, cohibitum	zusammenhalten, festhalten	
debēre debeo, debui, debitum	schulden, müssen	
praebēre praebeo, praebui, praebitum	darreichen, gewähren	in rebus adversis solacium praebere: *im Unglück Trost gewähren*
prohibēre prohibeo, prohibui, prohibitum	abhalten, hindern	
haerēre haereo, haesi, haesurus	hängen, stecken bleiben	in palude haerere: *im Sumpf steckenbleiben*
haud Adv.	nicht	
heri Adv.	gestern	
hic Adv.	hier	
hinc Adv.	von hier	
huc Adv.	hierher	
adhuc Adv.	bis jetzt, noch immer	
hiems, hiemis f.	Winter	
homo, hominis m.	Mensch	
nemo	niemand	
humus f.	Erdboden	
humilis, -e	niedrig, demütig	
humanus, -a, -um	menschlich, gebildet	
humanitas, -atis f.	Menschlichkeit, Bildung	
honos, -oris bonus	Ehre, Ehrenamt	
honestus, -a, -um	angesehen, anständig	
hora	Stunde	

horrēre horreo, horrui, –	schaudern (vor)	crudelitatem hostium horrere: *vor der Grausamkeit der Feinde schaudern*
horridus, -a, -um	schaurig, schrecklich	
hortari hortor, hortatus sum	ermahnen	
hortus	Garten	
cohors, -ortis f.	Kohorte (600 Mann)	
hostis, -is m.	Feind	
hostilis, -e	feindlich	
hospes, -itis m.	Gastfreund, Gastgeber	

I

iacere iacio, ieci, iactum	werfen, schleudern	
iactare iacto, iactavi, iactatum	werfen, prahlen mit	Genus et nomen iactavit: *Er prahlte mit seiner Herkunft und seinem Namen.*
adicere adicio, adieci, adiectum	hinwerfen, hinzufügen	
conicere conicio, conieci, coniectum	zusammenwerfen, vermuten	
inicere inicio, inieci, iniectum	hineinwerfen, einflößen	Lupus pastoribus metum iniecit: *Der Wolf flößte den Hirten Furcht ein.*
obicere obicio, obieci, obiectum	entgegenwerfen, entgegnen, vorwerfen	mihi obiecta: *Vorwürfe gegen mich*
subicere subicio, subieci, subiectum	unterwerfen	
traicere traicio, traieci, traiectum	hinüberwerfen, übersetzen	
iacēre iaceo, iacui, iaciturus	liegen	
idoneus, -a, -um	geeignet	
ignis, ignis m.	Feuer	
illic Adv.	dort	
illuc Adv.	dorthin	
olim Adv.	einst	
ultra Präp. mit Akk.	jenseits, über … hinaus	ultra fluvium: *jenseits des Flusses*
ulterior, -ius	jenseitig	Caesar citeriori et ulteriori Galliae praeerat: *Caesar stand dem diesseitigen und dem jenseitigen Gallien vor.*
ultimus, -a, -um	der äußerste, letzte	
ultro Adv.	jenseits, darüber hinaus, von sich aus	verbis ultro ire: *mit Worten weiter gehen* Pauperibus ultro dedit: *Er hat den Armen von sich aus gegeben.*
immo Adv.	ja sogar; nein, im Gegenteil	

in Präp. mit Abl./Akk.	in, an, auf	in urbe/in urbem: *in der Stadt/in die Stadt*
inter Präp. mit Akk.	zwischen, während	inter cenam: *während des Essens*
interdum Adv.	manchmal	
interea Adv.	inzwischen	
interim Adv.	inzwischen	
intra Präp. mit Akk.	innerhalb	Hostis iam intra muros est: *Der Feind steht schon innerhalb der Mauern.*
interior, -ius	der innere	
intimus, -a, -um	der innerste	
intrare intro, intravi, intratum	eintreten, betreten	
inanis, -e	leer, nichtig	
indulgēre indulgeo, indulsi, indultum	nachgeben, entgegenkommen	Ne cupidinibus tuis semper indulgeto: *Du sollst deinen Begierden nicht immer nachgeben.*
infestus, -a, -um	feindlich	infesta mente venire: *in feindlicher Gesinnung kommen*
infra Präp. mit Akk.	unterhalb	infra domum: *unter dem Haus*
inferi m. Pl.	die unterirdischen Götter	
infimus, a, -um	der unterste, niedrigste	
inquit	sagt er/sagte er	„Es igitur", inquit, „amicus meus": *„Du bist also", sagte er, „mein Freund."*
insula	Insel, Mietshaus	
ira	Zorn	
irasci irascor, –	zürnen	
iratus, -a, -um	zornig	
ire eo, ii, itum	gehen	
iter, itineris n.	Weg, Reise, Marsch	iter magnum: *Eilmarsch*
abire abeo, abii, abitum	weggehen	
adire adeo, adii, aditum	herangehen, angreifen	
aditus, aditūs m.	Zugang, Zutritt	

I

ambitio, ambitionis f.	Amtsbewerbung, Ehrgeiz	ambitione vexatus: *von Ehrgeiz gequält*
comes, comitis m.	Gefährte, Begleiter	
comitari comitor, comitatus sum	begleiten	
exire exeo, exii, exitum	herausgehen, wegziehen	
exitium	Untergang, Verderben	
exitus, exitūs m.	Ausgang, Ende	
inire ineo, inii, initum	hineingehen, beginnen	
initium	Anfang, Beginn	
interire intereo, interii, interitum	zugrunde gehen, untergehen	
obire obeo, obii, obitum	begegnen, aufsuchen	mortem obire: *sterben*
perire pereo, perii, periturus	zugrunde gehen, umkommen	
praeterire praetereo, praeterii, praeteritum	vorbeigehen, übergehen	
praetor, praetoris m.	Prätor	edictum praetoris: *ein Erlass/ein Gesetz des Prätors*
prodire prodeo, prodii, proditum	vortreten, auftreten	in publicum prodire: *öffentlich auftreten*
redire redeo, redii, reditum	zurückkehren	
reditus, reditūs m.	Rückkehr	
seditio, seditionis f.	Aufstand, Revolution	
subire subeo, subii, subitum	auf sich nehmen	labores subire: *die Mühen auf sich nehmen*
transire transeo, transii, transitum	hinübergehen, überschreiten	

(is, ea, id)

eo Adv.	dorthin
adeo Adv.	so sehr
ideo Adv.	deshalb
iam Adv.	schon, bereits
etiam Adv.	auch, sogar
ibi Adv.	dort
inde Adv.	von dort, dann
deinde Adv.	dann, darauf

proinde Adv.	also, daher	Proinde taceant!: *Daher sollen sie schweigen!*
ita Adv.	so	
itaque Adv.	daher, deshalb	
item Adv.	ebenso	
iterum Adv.	wiederum, zum zweiten Mal	
iterum atque iterum Adv.	immer wieder	
iubēre iubeo, iussi, iussum	beauftragen, befehlen	Caesar milites iussit in hostem prodire: *Caesar befahl den Soldaten, gegen den Feind vorzurücken.*
iussū	auf Befehl	iussu Caesaris: *auf Befehl Caesars*
iungere iungo, iunxi, iunctum	verbinden	Ripas ponte iunxit: *Er verband die Ufer mit einer Brücke.*
iuxta Präp. mit Akk.	neben	Amica iuxta me sedet: *Die Freundin sitzt neben mir.*
coniungere coniungo, coniunxi, coniunctum	verbinden	
coniunx, coniugis f.	Gattin	
ius, iuris n.	Recht	
iniuria	Unrecht	
iustus, -a, -um	gerecht	
iustitia	Gerechtigkeit	
iurare iuro, iuravi, iuratum	schwören	
coniurare coniuro, coniuravi, coniuratum	sich verschwören	
coniuratio, coniurationis f.	Verschwörung	
ius iurandum n.	Schwur, Eid	
iudex, iudicis m.	Richter	
iudicium	Gericht, Prozess, Urteil	
iudicare iudico, iudicavi, iudicatum	urteilen, richten	
iuvare iuvo, iuvi, iutum	unterstützen, helfen, erfreuen	Dei nos iuverunt: *Die Götter haben uns geholfen.*
adiuvare adiuvo, adiuvi, adiutum	unterstützen, helfen	amicos adiuvare: *den Freunden helfen*
iucundus, -a, -um	erfreulich, angenehm	
iuvenis, iuvenis m.	junger Mann	
iuventus, iuventutis f.	Jugend	

I

L

labi labor, lapsus sum	gleiten, fallen	
labor, laboris m.	Arbeit, Anstrengung	
laborare laboro, laboravi, laboratum	arbeiten, leiden	
lacessere lacesso, lacessivi, lacessitum	reizen, herausfordern	
delectare delecto, delectavi, delectatum	erfreuen	
lacrima	Träne	
lacus, lacūs m.	See	
laedere laedo, laesi, laesum	stoßen, verletzen	
laetus, -a, -um	froh, üppig	
laetitia	Freude	
lapis, lapidis m.	Stein	
largiri largior, largitus sum	schenken, spenden	
latēre lateo, latui, –	verborgen sein	
latus, lateris n.	Seite, Flanke	
latus, -a, -um	breit	
laus, laudis f.	Lob	
laudare laudo, laudavi, laudatum	loben	
lavare lavo, lavi, lautum	waschen	
lectus	Bett, Liege	
legere lego, legi, lectum	sammeln, lesen	
legio, legionis f.	Legion	
colligere colligo, collegi, collectum	sammeln	
deligere deligo, delegi, delectum	wählen, auswählen, ausheben	milites deligere: *Soldaten ausheben*

diligere diligo, dilexi, dilectum	lieben, hochschätzen	
diligens, diligentis	sorgfältig, gewissenhaft	
diligentia	Sorgfalt, Gewissenhaftigkeit	
dilectus, dilectus m.	Auswahl, Musterung	
eligere eligo, elegi, electum	auswählen, wählen	
intellegere intellego, intellexi, intellectum	erkennen, einsehen, verstehen	
neglegere neglego, neglexi, neglectum	vernachlässigen, übersehen	
religio, religionis f.	Götterverehrung, Religion, Ehrfurcht	
lenis, -e	mild, sanft	
leo, leonis m.	Löwe	
levis, -e	leicht, leichtsinnig	
levare levo, levavi, levatum	erleichtern, aufheben	animal ab humo levare: *das Tier vom Boden aufheben*
lex, legis f.	Gesetz	
legatus	Gesandter, Legat (hoher Offizier)	
legatio, legationis f.	Gesandtschaft	
liber, libri	Buch	Senecae libri de senectute: *Senecas Bücher über das Alter*
liber, -a, -um	frei	servi et liberi: *Sklaven und Freie*
liberi, liberorum m. Pl.	Kinder	
liberare libero, liberavi, liberatum	befreien	
libertas, libertatis f.	Freiheit	
libertus	Freigelassener	
liberalis, -e	großzügig, freigebig	
deliberare delibero, deliberavi, deliberatum	überlegen	
libet libet, libuit	es beliebt	Si libet, bibite: *Wenn es beliebt, trinkt.*
libenter Adv.	gern	libenter servire: *gerne dienen*
libido, libidinis f.	Lust, Begierde	
licet licet, licuit	es ist erlaubt	

licentia	Freiheit, Zügellosigkeit	
scīlicet Adv.	natürlich	Te scilicet amo: *Natürlich liebe ich dich.*
pollicēri polliceor, pollicitus sum	versprechen	
alligare alligo, alligavi, alligatum	anbinden	
limes, limitis m.	Grenze, Schwelle, Grenzwall	
lingua	Zunge, Sprache	
relinquere relinquo, reliqui, relictum	zurücklassen	
reliquiae f. Pl.	Überreste	
reliquus, -a, -um	übrig, restlich	
delictum	Vergehen, Verbrechen	
littera	Buchstabe	Litteras tibi scripsi: *Ich habe dir einen Brief geschrieben.* Litteris Graecis studui: *Ich habe griechische Wissenschaften studiert.*
litus, litoris n.	Küste	
oblivisci obliviscor, oblitus sum	vergessen	Mortuorum numquam obliviscemur: *Wir werden die Toten nie vergessen.*
locus	Ort, Platz, Rang	equestri loco natus: *aus dem Ritterstand*
collocare colloco, collocavi, collocatum	aufstellen	
longus, -a, -um	lang	
longe Adv.	bei weitem	longe maximus: *bei weitem der Größte*
loqui loquor, locutus sum	sprechen, reden	
colloqui colloquor, collocutus sum	sich unterhalten, sich besprechen	
colloquium	Unterredung, Gespräch	
eloquentia	Beredsamkeit	

ludere ludo, lusi, lusum	spielen, spotten	
ludus	Spiel, Schule	ludi circenses: *Zirkusspiele*
ludibrium	Spott, Hohn	
illudere illudo, illusi, illusum	verspotten	
lugēre lugeo, luxi, –	trauern, betrauern	
luctus, luctūs m.	Trauer	
lux, lucis f.	Licht	
luna	Mond	
lumen, luminis n.	Licht	
illustris, -e	glänzend, berühmt, vornehm	
illustrare illustro, illustravi, illustratum	erhellen, erklären	
luxuria	Verschwendungssucht, Überfluss, Luxus	

M

maestus, -a, -um	traurig	
miser, -a, -um	elend, unglücklich	Vae mihi misero!: *Weh mir Unglücklichem!*
miseria	Elend, Unglück	
miserari miseror, miseratus sum	beklagen	
miserabilis, -e	unglücklich	
miserēri misereor, miseritus sum	sich erbarmen	captivorum misereri: *sich der Gefangenen erbarmen*
misericordia	Mitleid, Erbarmen	
magnus, -a, -um	groß	
magnitudo, magnitudinis f.	Größe	
maior, -ius	größer	maior natu: *älter*
maiores, maiorum m. Pl.	Vorfahren	
maiestas, maiestatis f.	Größe, Würde	
magis Adv.	mehr	Magis eum diligebat quam fratrem: *Er liebte ihn mehr als einen Bruder.*
magister, magistri	Lehrer, Leiter	
magistratus, magistratūs m.	Amt, Beamter	
maximus, -a, -um	der größte	
maxime Adv.	am meisten	
malus, -a, um	schlecht, schlimm, böse	malus, peior, pessimus: *schlecht, schlechter, am schlechtesten*
mane Adv.	am Morgen, morgens	
maturus, -a, -um	frühzeitig, rechtzeitig, reif	
manēre maneo, mansi, mansurus	bleiben, warten, erwarten	
remanēre remaneo, remansi, remansurus	zurückbleiben	
immanis, -e	ungeheuer, riesig, schrecklich	

manus, manūs f.	Hand, Schar	Cum parva manu progressus est: *Mit einer kleinen Schar rückte er vor.*
mandare mando, mandavi, mandatum	anvertrauen, übergeben, auftragen	
manifestus, -a, -um	handgreiflich, offenbar, überführt	
mare, maris n.	Meer	
maritus	Ehemann	
mater, matris f.	Mutter	
matrimonium	Ehe	
matrona	Ehefrau, Hausherrin	
materia	Stoff, Materie, Bauholz	Materia omnium rerum atomi sunt: *Der Grundstoff aller Dinge sind die Atome.*
medicus	Arzt	
medicina	Heilkunst, Heilmittel, Medizin	
remedium	Heilmittel, Medizin	
medius, -a, -um	der mittlere	media in urbe: *mitten in der Stadt*
membrum	Glied, Körperteil	
meminisse memini	sich erinnern	Meministi libenter amicorum: *Du erinnerst dich gerne der Freunde.*
reminisci reminiscor, <recordatus sum>	sich erinnern	
mens, mentis f.	Geist, Verstand	
demens, dementis	wahnsinnig	
monēre moneo, monui, monitum	mahnen	
monumentum	Denkmal, Grabmal	
monstrare monstro, monstravi, monstratum	zeigen	
demonstrare demonstro, demonstravi, demonstratum	zeigen, beweisen	
monstrum	Wunder, Ungeheuer	
memor, memoris	eingedenk, sich erinnernd	memor maiorum: *in Erinnerung an die Vorfahren*
memoria	Gedächtnis, Erinnerung	
memorare memoro, memoravi, memoratum	erwähnen, berichten	

mensis, mensis m.	Monat	
mercator, mercatoris m.	Kaufmann	
commercium	Handel, Verkehr	
merēre mereo, merui, meritum	verdienen	de patria bene mereri: *sich um das Vaterland verdient machen*
meritum	das Verdienst	
merito Adv.	verdientermaßen, zu Recht	
metiri metior, mensus sum	messen	
immensus, -a, -um	unermesslich, unendlich	
mensa	Tisch	
metus, metus m.	Furcht, Angst	
metuere metuo, metui	fürchten	
miles, militis m.	Soldat	
militaris, -e	soldatisch, kriegerisch	
militia	Kriegsdienst	
minari minor, minatus sum	drohen, androhen	
imminēre immineo, imminui	hineinragen, bevorstehen, drohen	pericula imminentia: *drohende Gefahren*
mons, montis m.	Berg	
minor, minus	kleiner, geringer	
minuere minuo, minui, minutum	verkleinern, verringern	
minimus, -a, -um	der kleinste	
nimis Adv.	zu sehr	Nimis studebat: *Er mühte sich allzu sehr.*
nimius, -a, -um	zu groß, zu viel	
minister, ministri	Diener, Helfer	ministrum vini vocare: *den Mundschenk rufen*
administrare administro, administravi, administratum	verwalten	
mirus, -a, -um	wunderbar, sonderbar	
mirari miror, miratus sum	sich wundern, bewundern	
admirabilis, -e	bewundernswert, erstaunlich	
admiratio, admirationis f.	Bewunderung	

miscēre misceo, miscui, mixtum	mischen, vermischen	
mittere mitto, misi, missum	gehen lassen, schicken	
amittere amitto, amisi, amissum	wegschicken, verlieren	
admittere admitto, admisi, admissum	zulassen	
committere committo, commisi, commissum	zustande bringen, ausführen, anvertrauen	proelium committere: *eine Schlacht schlagen* Res publica Augusto commissa est: *Der Staat ist Augustus anvertraut worden.*
demittere demitto, demisi, demissum	hinabschicken, senden	
dimittere dimitto, dimisi, dimissum	entlassen, aufgeben	
omittere omitto, omisi, omissum	unterlassen, übergehen	hoste omisso: *ohne den Feind zu beachten*
permittere permitto, permisi, permissum	überlassen, erlauben	
praetermittere praetermitto, praetermisi, praetermissum	vorübergehen lassen	occasionem praetermittere: *eine Gelegenheit versäumen*
promittere promitto, promisi, promissum	versprechen	
remittere remitto, remisi, remissum	nachlassen, zurückschicken	equo frena remittere: *dem Pferd die Zügel nachlassen*
modus	Maß, Art, Weise	
modo Adv.	nur, gerade, bald	Modo obiit: *Eben ist er gestorben.*
quomodo Adv.	wie, auf welche Weise	
quemadmodum Adv.	wie, auf welche Weise	
admodum Adv.	völlig, gänzlich, sehr	Litterarum admodum nihil sciebat: *Von den Wissenschaften wusste er überhaupt nichts.*
moderari moderor, moderatus sum	mäßigen, lenken	cupiditatibus moderari: *seine Begierden mäßigen* rem publicam moderari: *den Staat lenken*
commodus, -a, -um	günstig	
commodum	Vorteil	

M

moenia, moenium n. Pl.	Stadtmauern	
munire munio, munivi, munitum	befestigen	
munitio, munitionis f.	Befestigung	
murus	Mauer	
moliri molior, molitus sum	bewegen, unternehmen	currum moliri: *den Wagen in Bewegung setzen*
molestus, -a, -um	lästig, beschwerlich	
mollis, -e	weich	
mora	Verzögerung, Aufschub	sine mora: *unverzüglich*
morari moror, moratus sum	verweilen, zögern, sich aufhalten	
mori morior, mortuus sum	sterben	
mors, mortis f.	Tod	
mortalis, -e	sterblich	
immortalis, -e	unsterblich	Immortales nos servabunt: *Die unsterblichen Götter werden uns retten.*
morbus	Krankheit	
mos, moris m.	Sitte, Brauch	mores maiorum: *die Sitten der Vorfahren*
movēre moveo, movi, motum	bewegen	Eius lacrimae me moverunt: *Ihre Tränen erschütterten mich.*
motus, motūs m.	Bewegung, Erregung, Aufruhr	
commovēre commoveo, commovi, commotum	bewegen, erregen, veranlassen	
permovēre permoveo, permovi, permotum	bewegen, erregen, veranlassen	
removēre removeo, removi, remotum	entfernen	
mox Adv.	bald	
mulier, mulieris f.	Frau, Weib	
multus, -a, -um	viel	multi, plures, plurimi: *viele, mehr, die meisten*
multitudo, multitudinis f.	Menge, Masse	
melior, melius	besser	
mundus	Welt	

munus, muneris n.	Amt, Aufgabe, Geschenk	munus grave subire: *eine schwere Aufgabe übernehmen*
communis, -e	gemeinsam	
communicare communico, communicavi, communicatum	mitteilen, beraten	amico consilium communico: *ich teile dem Freund meinen Plan mit* cum amico de consilio communico: *ich berate mit dem Freund über meinen Plan*
municipium	Landstadt	
mutare muto, mutavi, mutatum	ändern, wechseln, tauschen	vestem mutare: *die Kleidung wechseln*

M

N

nam Adv.	denn, nämlich	
enim Adv.	denn, nämlich	
nancisci nanciscor, na(n)ctus sum	erreichen, erhalten	
ignavia	Trägheit, Feigheit	
navis, navis f.	Schiff	
navigare navigo, navigavi, navigatum	segeln, mit dem Schiff fahren	
nauta m.	Seemann	
ne	dass nicht, damit nicht	Oro eum, ne me despiciat: *Ich bitte ihn, dass er mich nicht verachtet.* Timeo, ne me despiciat: *Ich fürchte, dass er mich verachtet.*
ne … quidem	nicht einmal	Ne tu quidem fidus es: *Nicht einmal du bist treu.*
neque/nec	und nicht, auch nicht	
neque … neque	weder … noch	
negare nego, negavi, negatum	verneinen, leugnen, verweigern	
nihil	nichts	
nisi	wenn nicht	
-ne	(Fragesignal der Satzfrage)	Fuistine domi?: *Warst du zu Hause?* Eum rogo, fueritne domi: *Ich frage ihn, ob er zu Hause war.*
nepos, nepotis m.	Enkel, Neffe	
nex, necis f.	Tod, Mord	
necare neco, necavi, necatum	töten	
pernicies, perniciei f.	Verderben, Untergang	
nocēre noceo, nocui, nocitum	schaden	
innocens, innocentis	unschuldig, uneigennützig	

niger, nigra, nigrum	schwarz, dunkel	nubes nigra: *eine schwarze Wolke*
niti nitor, nisus (nixus) sum	sich stützen, streben nach, sich anstrengen	Senex baculo nitebatur: *Der Alte stützte sich auf einen Stab.*
nix, nivis f.	Schnee	
nomen, nominis n.	Name	
ignominia	Schimpf, Schande	
nominare nomino, nominavi, nominatum	nennen	
novus, -a, -um	neu	
nox, noctis f.	Nacht	
nocturnus, -a, -um	nächtlich	
nubere nubo, nupsi, nuptum	heiraten	Cleopatra Antonio nupsit: *Kleopatra heiratete Antonius.*
nudus, -a, -um	nackt	
num	(Fragesignal für die Satzfrage)	Num heri domi fuisti?: *Warst du denn gestern zu Hause?* Eum rogo, num heri domi fuerit: *Ich frage ihn, ob er denn gestern zu Hause war.*
nunc Adv.	nun, jetzt	
numen, numinis n.	göttliche Macht, Gottheit	
numerus	Zahl, Anzahl	
numerare numero, numeravi, numeratum	zählen, rechnen	
nuntius	Bote, Nachricht	
nuntiare nuntio, nuntiavi, nuntiatum	melden	
nuper Adv.	neulich, vor kurzem	

N

O

ob Präp. mit Akk.	gegen, entgegen, wegen	quam ob rem: *deswegen*
oculus	Auge	
odisse odi	hassen	Odi et amo: *Ich hasse und liebe.*
odium	Hass	
omen, ominis n.	Vorzeichen	
omnis, -e	all, ganz, jeder	Omnis homo mortalis est: *Jeder Mensch ist sterblich.* Omnes homines mortales sunt: *Alle Menschen sind sterblich.*
omnino Adv.	ganz, ganz und gar, überhaupt	Num me omnino malum putas?: *Hältst du mich wirklich für ganz und gar schlecht?*
onus, oneris n.	Last, Ladung	
onerare onero, oneravi, oneratum	belasten, beladen	
opes, opum f. Pl.	Reichtum, Macht	
optimus, -a, -um	der beste	
optimates, optimatium m. Pl.	Optimaten, Aristokraten	
copia	Vorrat, Menge	copia pecuniae: *eine Menge Geld*
copiae f. Pl.	Truppen	
inopia	Mangel, Not	inopia frumenti: *Getreidemangel*
opus, operis n.	Werk	opus conficere: *das Werk vollenden*
opus est	es ist nötig	Mihi nulla re opus est: *Ich brauche nichts.*
magnopere Adv.	sehr	
officium	Pflicht	
opera	Arbeit, Mühe	artibus liberalibus operam dare: *sich mit den freien Künsten beschäftigen*

opinio, opinionis f.	Vermutung, Meinung	
opinari opinor, opinatus sum	vermuten, meinen	
inopinans, inopinantis	nichts ahnend, ahnungslos	
optare opto, optavi, optatum	wünschen	
oportet oportet, oportuit	es ist nötig, es gehört sich	
oppidum	Festung, Stadt	
orare oro, oravi, oratum	bitten, beten	
oratio, orationis f.	Rede	
orator, oratoris m.	Redner	
oraculum	Orakel, Götterspruch	oraculum adire: *ein Orakel befragen*
adorare adoro, adoravi, adoratum	anflehen	
orbis, orbis m.	Kreis	orbis terrarum: *der Erdkreis*
ordiri ordior, orsus sum	anfangen	
ordo, ordinis m.	Reihe, Ordnung, Stand	ordo equester: *der Ritterstand*
oriri orior, ortus sum	entstehen, abstammen, aufgehen	sole oriente: *bei Sonnenaufgang*
oriens, orientis m.	Osten	
ortus, ortūs m.	Entstehung, Abstammung, Aufgang	solis ortus: *Sonnenaufgang*
origo, originis f.	Ursprung, Abstammung	
ornare orno, ornavi, ornatum	schmücken	
ornamentum	Schmuck	
os, oris n.	Mund, Gesicht, Mündung	
osculum	Kuss	
coram Präp. mit Abl.	in Gegenwart von, vor	coram populo loqui: *vor dem Volk reden*
otium	freie Zeit, Muße	
otiosus, -a, -um	frei von Arbeit, müßig	
negotium	Beschäftigung, Arbeit	

O

P

paene Adv.	beinahe, fast	
paenitet paenitet, paenituit	es reut	Me paenitet sceleris a me facti: *Das von mir begangene Verbrechen reut mich.*
palam Adv.	öffentlich	
par, paris	gleich	Orator poetae paene par est: *Ein Redner ist einem Dichter fast gleich.*
parcere parco, peperci, parsurus	schonen, sparen	hostibus victis parcere: *den besiegten Feind schonen*
parere pario, peperi, partum	hervorbringen, gebären, erwerben	
parentes, parentium m. Pl.	Eltern	
pauper, pauperis	arm	
paupertas, paupertatis f.	Armut	
reperire reperio, repperi, repertum	finden	
parare paro, paravi, paratum	bereiten, erwerben, vorhaben	Domum intrare paro: *Ich schicke mich an, das Haus zu betreten.*
paratus, -a, -um	bereit, fertig	
comparare comparo, comparavi, comparatum	vergleichen	
imperare impero, imperavi, imperatum	befehlen, gebieten, herrschen	
imperator, imperatoris m.	Feldherr, Kaiser	
imperium	Befehl, Herrschaft, Reich	
separare separo, separavi, separatum	absondern, trennen	
parēre pareo, parui, pariturus	gehorchen	
apparēre appareo, apparui, appariturus	erscheinen, sich offenbaren	Apparet te tristem esse: *Du bist offenbar traurig.*
pars, partis f.	Teil	
partim Adv.	zum Teil, teils	
particeps, participis	teilhaftig, beteiligt an	rationis particeps: *der Vernunft teilhaftig*

parvus, -a, -um	klein, gering	parvus, minor, minimus: *klein, kleiner, am kleinsten.*
parum Adv.	zu wenig	Parum laboravit: *Er hat zu wenig gearbeitet.*
pascere pasco, pavi, pastum	weiden	gregem pascere in campis: *die Herde auf den Wiesen weiden lassen*
panis, panis m.	Brot	
pastor, pastoris m.	Hirte	
pater, patris m.	Vater	
patria	Vaterland, Heimat	
patronus	Schutzherr, Patron, Anwalt	Cliens venit patronum salutatum: *Der Klient kommt, um seinen Patron zu begrüßen.*
patricius, -a, -um	adelig	
patēre pateo, patui, –	offen stehen, sich erstrecken	
patefacere patefacio, patefeci, patefactum	öffnen, aufdecken	
passus, passūs m.	Schritt	
passim Adv.	auf Schritt und Tritt, überall	
pati patior, passus sum	dulden, leiden, zulassen	
patiens, patientis	geduldig	
patientia	Geduld	
impetrare impetro, impetravi, impetratum	erlangen, erreichen	
pauci, -ae, -a	wenige	
paulum Adv.	ein wenig	Lacrimavit paulum: *Sie weinte ein wenig.*
paulatim Adv.	allmählich	
pax, pacis f.	Friede	
pactum	Abmachung, Vertrag	
pacare paco, pacavi, pacatum	befrieden, unterwerfen	
peccare pecco, peccavi, peccatum	sündigen	
pectus, pectoris n.	Brust, Herz, Gemüt	
pecus, pecudis f.	Stück, Vieh, Schaf	pecudes pascere: *seine Tiere weiden*
pecunia	Geld	

peior, -ius	schlechter	
pessimus, -a, -um	der schlechteste	malus, peior, pessimus: *schlecht, schlechter, am schlechtesten*
pellere pello, pepuli, pulsum	treiben, stoßen, schlagen	
appellere appello, appuli, appulsum	herantreiben, landen	navem ad ripam appellere: *das Schiff am Ufer landen;* navis appellit: *das Schiff landet*
depellere depello, depuli, depulsum	vertreiben	
expellere expello, expuli, expulsum	vertreiben, verbannen	
impellere impello, impuli, impulsum	antreiben, veranlassen	
repellere repello, reppuli, repulsum	zurücktreiben, zurückweisen	
appellare appello, appellavi, appellatum	anreden, nennen	
penates, penatium m. Pl.	Penaten, Hausgötter	
pendēre pendeo, pependi, –	hängen, schweben	
impendēre impendeo, –, –	hineinhängen, bevorstehen, drohen	
pendere pendo, pependi, pensum	aufhängen, abwiegen, abschätzen, bezahlen	
impendere impendo, impendi, impensum	aufwenden, zahlen	
stipendium	Sold, Kriegsdienst	stipendium merere: *Sold verdienen, Kriegsdienst leisten*
per Präp. mit Akk.	durch, durch … hindurch	per silvam proficisci: *durch den Wald marschieren* per decretum principis: *durch einen Erlass des Kaisers*
peritus, -a, -um	erfahren, kundig	
periculum	Gefahr	
periculosus, -a, -um	gefährlich	
comperire comperio, comperi, compertum	erfahren	
experiri experior, expertus sum	versuchen, erfahren	

pes, pedis m.	Fuß	
pedes, peditis m.	Soldat zu Fuß	
expedire expedio, expedivi, expeditum	frei machen, bereit machen	exercitum expedire: *das Heer kampfbereit machen*
impedire impedio, impedivi, impeditum	behindern, hindern	
impedimentum	Hindernis	
impedimenta, -orum n. Pl.	Gepäck	
pestis, pestis f.	Seuche	
petere peto, petivi, petitum	erstreben, erbitten	
appetere appeto, appetivi, appetitum	erstreben, angreifen	hostes appetere: *die Feinde angreifen*
impetus, impetūs m.	Ansturm, Angriff, Trieb	
perpetuus, -a, -um	ununterbrochen, dauernd	
repetere repeto, repetivi, repetitum	zurückfordern, wiederholen	Puer praecepta magistri repetit: *Der Knabe wiederholt die Vorschriften seines Lehrers.*
philosophus	Philosoph	
philosophia	Philosophie	
pirata m.	Seeräuber, Pirat	
pius, -a, -um	fromm	
impius, -a, -um	gottlos	
pietas, pietatis f.	Frömmigkeit	
placare placo, placavi, placatum	beschwichtigen, besänftigen	
placēre placeo, placui, placitum	gefallen	Senatui placuit Ciceronem patrem patriae appellare: *Der Senat beschloss, Cicero den Titel „Vater des Vaterlandes" zu verleihen.*
plaudere plaudo, plausi, plausum	Beifall klatschen	
complecti complector, complexus sum	umarmen, umfassen	
explicare explico, explicavi, explicatum	entfalten, erklären	

P

plenus, -a, -um	voll	
complēre compleo, complevi, completum	anfüllen	
explēre expleo, explevi, expletum	ausfüllen, erfüllen	
implēre impleo, implevi, impletum	ausfüllen, erfüllen	
plerique, pleraeque, pleraque	die meisten, sehr viele	
plerumque Adv.	meistens	
plus, pluris	mehr	multum, plus, plurimum: *viel, mehr, am meisten*
complures, -a	mehrere	
plurimus, -a, -um	am meisten, sehr viel	
plebs, plebis f.	(nichtadeliges) Volk, Plebs	
plebeius, -a, -um	plebejisch (subst.: Plebejer)	
supplex, supplicis	bittend, flehend	
supplicium	Bitte, Strafe, Todesstrafe	
explorare exploro, exploravi, exploratum	erforschen	
implorare imploro, imploravi, imploratum	anflehen	
poculum	Becher	
poena	Strafe, Buße	
punire punio, punivi, punitum	bestrafen, rächen	
impune Adv.	straflos	
poeta	Dichter	
pons, pontis m.	Brücke	
pontifex, pontificis m.	Priester	
populus	Volk	
populares, popularium m. Pl.	Volkspartei, Popularen	
publicus, -a, -um	öffentlich, staatlich	
porro Adv.	weiter, ferner	Vinum porro convivis placebat: *Der Wein schmeckte den Gästen weiterhin.*

porta	Tor	
portus, portūs m.	Hafen	
opportunus, -a, -um	günstig	
porticus, porticūs f.	Säulenhalle	
portare	tragen, bringen	
post Präp. mit Akk.	hinter, nach	post cenam: *nach dem Essen*
postea Adv.	nachher, später	
postquam	nachdem	
posterus, -a, -um	nachfolgend, Nachkomme	
posterior, -ius	der spätere	
postremus, -a, -um	der letzte	
postremo Adv.	zuletzt, schließlich	
potior, -ius	besser, wichtiger, tüchtiger	Mors servitute potior est: *Der Tod ist besser als Knechtschaft.*
potius Adv.	eher, lieber	Potius te quam eam amat: *Er liebt eher dich als sie.*
potissimum Adv.	am ehesten, am liebsten	
posse possum, potui	können	
potens, potentis	mächtig	
potentia	Macht	
potestas, potestatis f.	Amtsgewalt	potestas consulis: *Amtsgewalt des Konsuls*
potiri potior, potitus sum	sich bemächtigen, in seine Gewalt bringen	urbe potiri: *sich einer Stadt bemächtigen*
prae Präp. mit Abl.	vor, im Vergleich zu	Superbiam prae se ferebat: *Er (trug vor sich her) legte Hochmut an den Tag.* Prae ceteris ille magnus videbatur: *Im Vergleich zu den Übrigen erschien er groß.*
praeter Präp. mit Akk.	an … vorbei, außer	praeter domos: *an den Häusern vorbei* omnes praeter te: *alle außer dir*
praeterea Adv.	außerdem	

P

preces, precum f. Pl.	Bitten	
precari precor, precatus sum	bitten	
poscere posco, poposci, –	fordern, verlangen	
postulare postulo, postulavi, postulatum	fordern, verlangen	
prehendere prehendo, prehendi, prehensum	fassen, ergreifen	
praeda	Beute	
comprehendere comprehendo, comprehendi, comprehensum	ergreifen, verhaften, begreifen	deum comprehendere mente: *Gott mit dem Verstand begreifen*
deprehendere deprehendo, deprehendi, deprehensum	ergreifen, ertappen	
reprehendere reprehendo, reprehendi, reprehensum	festhalten, tadeln	
premere premo, pressi, pressum	drücken, bedrängen	
opprimere opprimo, oppressi, oppressum	unterdrücken, überfallen	
pretium	Preis, Wert	
prior, -ius	der erstere, der frühere, der vordere	
prius Adv.	früher, eher	Prius omnium exspectatione venit: *Er kam wider aller Erwartung früher.*
priusquam	ehe, bevor	Priusquam veniret, eum iam vidimus: *Bevor er ankam, sahen wir ihn schon.*
primus, -a, -um	der erste	
primo Adv.	zuerst, anfangs	
primum Adv.	zuerst, zum ersten Mal	
princeps, principis m.	der erste Mann, der Führer	
principium	Anfang	
principatus, principatūs m.	führende Stellung, Führung	
priscus, -a, -um	altehrwürdig	
pridem Adv.	vor langer Zeit, längst	
imprimis Adv.	besonders, vor allem	
privatus, -a, -um	persönlich, privat	

pro Präp. mit Abl.	vor, für, anstatt	Patres pro familiis contendunt: *Die Väter kämpfen vor/für/anstatt ihren/ihre/ihrer Familien.*
probus, -a, -um	tüchtig, gut	
improbus, -a, -um	schlecht, böse	
probare probo, probavi, probatum	prüfen, billigen	consilia probare: *die Pläne billigen*
procul Adv.	fern, weit weg	procul a patria: *weit weg von der Heimat*
proelium	Schlacht	
prope Präp. mit Akk.	nahe bei	Prope villam fons erat: *Nahe beim Landhaus gab es eine Quelle.*
prope Adv.	in der Nähe	Prope vivebant: *Sie lebten in der Nähe.*
proximus, -a, -um	der nächste	
propinquus, -a, -um	nahe, verwandt	
propter Präp. mit Akk.	wegen	Propter curas dormire non possumus: *Wegen der Sorgen können wir nicht schlafen.*
propterea Adv.	deswegen	
appropinquare appropinquo, appropinquavi, appropinquatum	sich nähern	
properare propero, properavi, properatum	eilen, sich beeilen	
proprius, -a, -um	eigen, eigentümlich, wesenhaft	Caesaris propria virtus: *die Caesar eigentümliche Tugend*
provincia	Amtsbereich, Provinz	
pudet pudet, puduit	es beschämt	Me pudet dictorum meorum: *Ich schäme mich meiner Worte.*
pudor, pudoris m.	Scham, Ehrgefühl	
puer, pueri	Knabe	Pueri semper ludere volunt: *Kinder wollen immer spielen.*
pueritia	Kindheit	
puella	Mädchen	

P

pugnare pugno, pugnavi, pugnatum	kämpfen	
pugna	Kampf	
expugnare expugno, expugnavi, expugnatum	erobern	
oppugnare oppugno, oppugnavi, oppugnatum	bestürmen, belagern	
pulcher, pulchra, pulchrum	schön	pulchra puella: *schönes Mädchen*
purus, -a, -um	rein, klar	
putare puto, putavi, putatum	meinen, glauben, halten für	
disputare disputo, disputavi, disputatum	erörtern, diskutieren	

Q

quaerere quaero, quaesivi, quaesitum	suchen, fragen	
quaestor, quaestoris m.	Quästor (Finanzbeamter)	
quaestio, quaestionis f.	Untersuchung	
quaeso	bitte	Audi, quaeso, mihi!: *Hör mir, bitte, zu!*
requirere requiro, requisivi, requisitum	aufsuchen, fragen	
-que	und	senatus populusque Romanus: *Senat und Volk von Rom*
queri queror, questus sum	klagen, beklagen	
(qui, quae, quod)		
qualis, quale	wie beschaffen	Qualis voluntas deorum est?: *Wie ist der Wille der Götter?*
quantopere	wie sehr	
quantus, -a, -um	wie groß, wie viel	
quot	wie viele	Quot feminae in viis erant!: *Wie viele Frauen waren auf den Straßen!*
quotiens	wie oft	
quondam Adv.	einst	
quoniam	weil ja, da ja	
quam	wie	Tam pulchra est quam Venus: *Sie ist so schön wie Venus.* Pulchrior est quam Venus: *Sie ist schöner als Venus.* Opto puellas quam pulcherrimas: *Ich wünsche mir die Mädchen möglichst schön.*
quamdiu	solange (als)	
quamobrem	weswegen, deswegen	
quamquam	obwohl	
quando	wann	
umquam	jemals	
numquam Adv.	niemals	
nusquam Adv.	nirgends	

Q

equidem	ich für meine Person	Equidem eum admiror: *Ich jedenfalls bewundere ihn.*
quod	weil, dass	Accidit, quod eum vidi: *Es kam vor, dass ich ihn sah.*
quin	warum nicht, dass	Quin me visitas?: *Warum besuchst du mich nicht?* Non dubito, quin eum videris: *Ich bezweifle nicht, dass du ihn gesehen hast.*
quin etiam Adv.	ja sogar	
quo	wohin	
quoque	auch	Brutus quoque: *auch Brutus*
quare	weswegen, warum	
cur	warum	
quia	weil	
quies, quietis f.	Ruhe	
quiescere quiesco, quievi, quieturus	ruhen	
quietus, -a, -um	ruhig, friedlich	
tranquillus, -a, -um	ruhig	

R

rapere rapio, rapui, raptum	rauben, an sich reißen	
corripere corripio, corripui, correptum	packen, ergreifen	
diripere diripio, diripui, direptum	plündern	
eripere eripio, eripui, ereptum	entreißen	
rarus, -a, -um	selten	Septembri raro nix cadit: *Im September fällt selten Schnee.*
recens, recentis	frisch, neu	
regere rego, rexi, rectum	lenken, leiten	
rectus, -a, -um	richtig, gerade	
regina	Königin	
rex, regis m.	König	
regius, -a, -um	königlich	
regnum	Königsherrschaft, Königreich	
regnare regno, regnavi, regnatum	als König herrschen	
regio, regionis f.	Gegend, Region	
corrigere corrigo, correxi, correctum	verbessern	
pergere pergo, perrexi, perrecturus	fortfahren, aufbrechen	Pergo dicere: *Ich fahre fort zu sprechen.*
porrigere porrigo, porrexi, porrectum	darreichen	
surgere surgo, surrexi, surrecturus	aufstehen, sich erheben	
rogare rogo, rogavi, rogatum	fragen, bitten	
interrogare interrogo, interrogavi, interrogatum	fragen, befragen	

ergo	Adv.	also, folglich	
erga	Präp. mit Akk.	gegen	liberalis erga amicos: *großzügig gegen die Freunde*
repente	Adv.	plötzlich	
rēri reor, ratus sum		berechnen, glauben, meinen	
ratio, rationis	f.	Berechnung, Vernunft, Art und Weise	Solum homo rationem habet: *Nur der Mensch hat Vernunft.* Caesar hac ratione bellum gerebat: *Caesar führte auf diese Weise Krieg.*
res, rei	f.	Sache, Ding	res publica: *Staat* res adversae: *Unglück*
reus		Angeklagter	
ridēre rideo, risi, risum		lachen, verlachen	
irridēre irrideo, irrisi, irrisum		verlachen, auslachen	
ripa		Ufer	
ritus, ritūs	m.	Brauch, Sitte, Zeremonie	ritus nuptiarum: *Hochzeitszeremonie*
robur, roboris	n.	Eichenholz, Stärke	
rostra	n. Pl.	Rednerbühne	pro rostris loqui: *auf der Rednerbühne reden*
rudis, -e		roh, ungebildet	
erudire erudio, erudivi, eruditum		erziehen, ausbilden	
ruere ruo, rui, ruiturus		stürzen, eilen	Aedes ruerunt: *Das Haus stürzte ein.*
ruina		Sturz, Ruine	
rumor, rumoris	m.	Gerücht, Ruf	
rumpere rumpo, rupi, ruptum		brechen, zerbrechen	
corrumpere corrumpo, corrupi, corruptum		verderben, bestechen	mores corrumpere: *den Charakter verderben*
interrumpere interrumpo, interrupi, interruptum		unterbrechen	
irrumpere irrumpo, irrupi, irruptum		einbrechen, eindringen	in hostes irrumpere: *sich auf die Feinde stürzen*
rus, ruris	n.	Land	

S

sacer, sacra, sacrum	heilig	via sacra: *die heilige Straße*
obsecrare obsecro, obsecravi, obsecratum	beschwören, anflehen	
sacerdos, sacerdotis m.	Priester	
sacrificium	Opfer	
sacrificare sacrifico, sacrificavi, sacrificatum	opfern	
sanctus, -a, -um	heilig, ehrwürdig	
saeculum	Zeitalter, Jahrhundert	
saepe Adv.	oft	
saepire saepio, saepsi, saeptum	einzäunen	
saevus, -a, -um	wütend, rasend, wild	
sal, salis m.	Salz, Meer	
salire salio, salui, saltum	springen	
saltus, saltūs m.	Schlucht, gefährlicher Wald	
salus, salutis f.	Wohl, Heil, Rettung	
salutare saluto, salutavi, salutatum	grüßen, begrüßen	
salvus, -a, -um	heil, unverletzt	
salve	sei gegrüßt	
sanguis, sanguinis m.	Blut	
sanus, -a, -um	gesund	
sane Adv.	sicherlich, gewiss	
sanare sano, sanavi, sanatum	heilen	
sapere sapio, sapii, –	klug sein	
sapiens, sapientis	weise, gescheit	
sapientia	Weisheit	
satis Adv.	genug	Satis pecuniae habent: *Sie haben genug Geld.*

ascendere ascendo, ascendi, ascensum	hinaufsteigen	murum ascendere: *auf die Mauer steigen*
descendere descendo, descendi, descensum	hinabsteigen	
scelus, sceleris n.	Verbrechen	
scelestus, -a, -um	verbrecherisch	
schola	Schule	
scire scio, scivi, scitum	wissen, kennen	
scientia	Wissen, Kenntnis, Wissenschaft	
conscius, -a, -um	mitwissend, teilnehmend, bewusst	Studiorum meorum conscius es: *Du bist vertraut mit meinen Studien.* Mihi nullius iniuriae conscius sum: *Ich bin mir keines Unrechts bewusst.*
conscientia	Mitwissen, Bewusstsein, Gewissen	
inscius, -a, -um	unwissend	
nescire nescio, nescivi, nescitum	nicht wissen, nicht kennen	
scribere scribo, scripsi, scriptum	schreiben	
scriptor, scriptoris m.	Schriftsteller	
conscribere conscribo, conscripsi, conscriptum	aufschreiben, verfassen, ausheben	Caesar legiones tres conscripsit: *Caesar hob drei Legionen aus.*
describere describo, descripsi, descriptum	beschreiben	
proscribere proscribo, proscripsi, proscriptum	auflisten, ächten	Sulla multos inimicos proscripsit: *Sulla ließ viele Feinde auf die Proskriptionslisten setzen.*
scutum	Schild	
obscurus, -a, -um	dunkel, düster	caelum obscurum: *ein düsterer Himmel*
secare seco, secui, sectum	schneiden	
saxum	Felsen	
signum	Zeichen, Feldzeichen	
insignis, -e	ausgezeichnet, auffallend	

insigne, insignis n.	Kennzeichen, Auszeichnung	Imperator militibus insignia dedit: *Der Feldherr verlieh den Soldaten Auszeichnungen.*
significare significo, significavi, significatum	bezeichnen, bedeuten	Quid illa verba significant?: *Was bedeuten diese Worte?*
sed	aber, sondern	
sedēre sedeo, sedi, sessum	sitzen	
sedes, sedis f.	Sitz, Wohnsitz	sedes regia: *Königsthron*
assiduus, -a, -um	beharrlich, beständig	imber assiduus: *ständiger Regen*
insidiae f. Pl.	Hinterhalt, Überfall	
obsidēre obsideo, obsedi, obsessum	belagern, besetzen	
obses, obsidis m.	Geisel, Bürge	
possidēre possideo, possedi, possessum	besitzen	
possessio, possessionis f.	Besitz	
praesidium	Schutz, Besatzung	milites praesidio remittere: *Soldaten zum Schutz zurücklassen*
subsidium	Hilfe, Hilfstruppe	
considere consido, consedi, consessum	sich setzen, sich niederlassen	
semel Adv.	einmal	
semper Adv.	immer	
sempiternus, -a, -um	immer während, ewig	
simplex, simplicis	einfach	res aperta et simplex: *eine offenkundige und einfache Sache*
similis, -e	ähnlich	
simul	gleichzeitig, zugleich, sobald	simul me vidit: *sobald er mich sah*
simulare simulo, simulavi, simulatum	nachahmen, vortäuschen, heucheln	Amicum simulat: *Er heuchelt den Freund.*
simulacrum	Bild, Götterbild	
dissimilis, -e	unähnlich, verschieden	
dissimulare dissimulo, dissimulavi, dissimulatum	so tun als ob nicht, verheimlichen	
senex, senis m.	Greis	
senatus, senatūs m.	Senat	
senator, senatoris m.	Senator	

sentire sentio, sensi, sensum	fühlen, meinen, denken	
sententia	Meinung, Satz	quot homines, tot sententiae: *wie viele Menschen, so viele Meinungen*
sensus, sensūs m.	Wahrnehmung, Gefühl, Ansicht	sensus amoris: *Gefühl der Liebe*
assentiri assentior, assensus sum	zustimmen	
consentire consentio, consensi, consensum	übereinstimmen	
consensus, consensūs m.	Übereinstimmung	
dissentire dissentio, dissensi, dissensum	unterschiedlicher/anderer Meinung sein	
sepelire sepelio, sepelivi, sepultum	bestatten	
sequi sequor, secutus sum	folgen	Venator cervum secutus est: *Der Jäger folgte dem Hirsch.*
secundus, -a, -um	der zweite, folgend, günstig	ventus secundus: *ein günstiger Wind*
socius	Gefährte, Bundesgenosse	
consequi consequor, consecutus sum	einholen, erreichen	laudem consequi: *Lob ernten*
persequi persequor, persecutus sum	verfolgen	
serere sero, serui, sertum	reihen, knüpfen, verknüpfen	corona serta: *ein geflochtener Kranz*
series, seriei f.	Reihe, Reihenfolge	
sermo, sermonis m.	Gespräch, Sprache	
sors, sortis f.	Los, Schicksal	sorte eligere: *durch Los auswählen*
deserere desero, deserui, desertum	verlassen, im Stich lassen	
disserere dissero, disserui, <disputatum>	erörtern, besprechen	
praesertim Adv.	besonders	praesertim cum me offenderit: *besonders weil er mich beleidigt hat*
serere sero, sevi, satum	säen, pflanzen	
semen, seminis n.	Same	ager semen accipiens: *der den Samen aufnehmende Acker*

servare servo, servavi, servatum	retten, schützen, bewahren	
conservare conservo, conservavi, conservatum	retten, bewahren	
observare observo, observavi, observatum	beobachten	
servus	Sklave	
servire servio, servi(v)i, servitum	dienen	
servitus, servitutis f.	Sklaverei	
severus, -a, -um	ernst, streng	
si	wenn	
nisi	wenn nicht	
sin	wenn aber	
sive	oder wenn	sive … sive: *sei es, dass … oder dass* sive me visitas, sive me vitas: *sei es, dass du mich besuchst, sei es, dass du mich meidest*
etsi/etiamsi	auch wenn	
quasi	gleichsam, wie wenn, als ob	Eum quasi patrem amo: *Ich liebe ihn wie einen Vater.* Exiit e vita, quasi numquam vixisset: *Er schied aus dem Leben, als ob er nie gelebt hätte.*
quodsi	wenn aber	
sic Adv.	so	
sidus, sideris n.	Gestirn, Sternbild	
considerare considero, consideravi, consideratum	betrachten, bedenken	
desiderare desidero, desideravi, desideratum	ersehnen, vermissen	
desiderium	Sehnsucht, Verlangen	
silentium	Schweigen	
silva	Wald	
sine Präp. mit Abl.	ohne	sine verbis: *ohne Worte*
sinere sino, sivi, situm	lassen, zulassen	
situs, -a, -um	gelegen	media in urbe situs: *mitten in der Stadt gelegen*

S

desinere desino, desii, desitum	ablassen, aufhören	
ponere pono, posui, positum	stellen, setzen, legen	
anteponere antepono, anteposui, antepositum	voranstellen, vorziehen	gaudium dolori anteponere: *Freude dem Leid vorziehen*
componere compono, composui, compositum	zusammenstellen, ordnen, vergleichen	
deponere depono, deposui, depositum	ablegen, niederlegen, aufgeben	consilia deponere: *die Pläne aufgeben*
disponere dispono, disposui, dispositum	verteilen, ordnen	
exponere expono, exposui, expositum	auseinandersetzen, darlegen, an Land bringen, aussetzen	mercatores in portu exponere: *die Kaufleute im Hafen ausschiffen* puerum in saltu exponere: *ein Kind in einer Schlucht aussetzen*
proponere propono, proposui, propositum	vorlegen, in Aussicht stellen, sich vornehmen	sibi multum proponere: *sich viel vornehmen*
sinister, sinistra, sinistrum	links	sinistra manu: *mit der linken Hand*
sinus, sinūs m.	Rundung, Bucht, Busen	
sitis, sitis f.	Durst	
sol, solis m.	Sonne	
solacium	Trost	
solēre soleo, solitus sum	gewohnt sein	
solum	Boden, Grund	
solus, -a, -um	allein	
solvere solvo, solvi, solutum	lösen, befreien, zahlen	catenas solvere: *die Ketten lösen* Proletarii pro frumento nihil solvebant: *Die Proletarier zahlten für das Getreide nichts.*
absolvere absolvo, absolvi, absolutum	lösen, freisprechen, vollenden	Scriptor librum absolvit: *Der Schriftsteller hat das Buch vollendet.*
somnus	Schlaf	
somnium	Traum	

sonare sono, sonui, sonitum	tönen, erklingen	
sonitus, sonitūs m.	Ton, Schall, Geräusch	
sordidus, -a, -um	schmutzig, gemein	
soror, sororis f.	Schwester	
spargere spargo, sparsi, sparsum	ausstreuen, zerstreuen	
dispergere dispergo, dispersi, dispersum	zerstreuen, verbreiten	Fama dispergitur: *Ein Gerücht breitet sich aus.*
species, speciei f.	Aussehen, Anschein, Schein	
aspicere aspicio, aspexi, aspectum	erblicken, ansehen	
aspectus, aspectūs m.	Anblick	
conspicere conspicio, conspexi, conspectum	erblicken	
conspectus, conspectūs m.	Anblick	
despicere despicio, despexi, despectum	herabblicken, verachten	
perspicere perspicio, perspexi, perspectum	durchschauen, erkennen	
prospicere prospicio, prospexi, prospectum	vorhersehen, sorgen für	Parentes liberis prospiciunt: *Die Eltern sorgen für ihre Kinder.*
respicere respicio, respexi, respectum	zurückschauen, berücksichtigen	
suspicari suspicor, suspicatus sum	argwöhnen, vermuten	
suspicio, suspicionis f.	Vermutung, Verdacht	
spectare specto, spectavi, spectatum	schauen, betrachten	
spectaculum	Schauspiel	
exspectare exspecto, exspectavi, exspectatum	ausschauen, erwarten	
spernere sperno, sprevi, spretum	verschmähen, zurückweisen	
spes, spei f.	Hoffnung	
sperare spero, speravi, speratum	hoffen	
desperare despero, desperavi, desperatum	verzweifeln	de salute desperare: *an der Rettung verzweifeln*
prosper, -a, -um	günstig, glücklich	prosperas res habere: *Glück haben*

spirare spiro, spiravi, spiratum	hauchen, atmen	
spiritus, spiritūs m.	Atem, Leben, Geist	
splendidus, -a, -um	glänzend, angesehen	
spoliare spolio, spoliavi, spoliatum	rauben, berauben	
spondēre spondeo, spopondi, sponsum	versprechen, geloben	
respondēre respondeo, respondi, responsum	antworten	
sponte Adv.	von selbst, absichtlich, freiwillig	
stare sto, steti, staturus	stehen	
statim Adv.	sofort, sogleich	
status, statūs m.	Zustand, Lage, Verfassung	
statua	Standbild, Statue	
constare consto, constiti, constaturus	feststehen, bestehen, kosten	Constat Caesarem omnibus clementia praestitisse: *Es steht fest, dass Caesar alle an Milde übertroffen hat.*
constans, constantis	standhaft, beständig	
constantia	Standhaftigkeit, Beständigkeit	
distare disto, –, –	entfernt sein, verschieden sein	
instare insto, institi, instaturus	bevorstehen, bedrängen	
obstare obsto, obstiti, obstaturus	im Wege stehen, hindern	
praestare praesto, praestiti, praestaturus	voranstehen, übertreffen, leisten, erweisen	Unusquisque officium praestare debet: *Jeder muss seine Pflicht erfüllen.* Praestat procedere quam recedere: *Es ist besser vorzurücken als zurückzuweichen.*
restare resto, restiti, –	übrig bleiben, Widerstand leisten	
statuere statuo, statui, statutum	aufstellen, festsetzen, beschließen	
constituere constituo, constitui, constitutum	aufstellen, festsetzen, beschließen	

destituere destituo, destitui, destitutum	verlassen, im Stich lassen	
instituere instituo, institui, institutum	einrichten, unterrichten	novos dies festos instituere: *neue Festtage einführen*
institutum	Einrichtung, Brauch	
restituere restituo, restitui, restitutum	wiederherstellen	
sistere sisto, steti/stiti, –	sich hinstellen, haltmachen	
consistere consisto, constiti, –	sich hinstellen, haltmachen, beruhen auf	Vita beata consistere in abstinentia potest: *Ein glückliches Leben kann auf Enthaltsamkeit beruhen.*
desistere desisto, destiti, –	wegtreten, ablassen von, aufhören	
exsistere exsisto, exstiti, –	hervortreten, entstehen, existieren	
resistere resisto, restiti, –	widerstehen, stehenbleiben	
destinare destino, destinavi, destinatum	festlegen, bestimmen	
sternere sterno, stravi, stratum	hinwerfen, niederwerfen	
distinguere distinguo, distinxi, distinctum	trennen, unterscheiden	
exstinguere exstinguo, exstinxi, exstinctum	auslöschen, vernichten	
strenuus, -a, -um	tüchtig, fleißig	
stringere stringo, strinxi, strictum	streifen, zusammenziehen, ziehen	nodum stringere: *den Knoten festziehen* gladium stringere: *das Schwert ziehen*
exstruere exstruo, exstruxi, exstructum	aufschichten, errichten	
instruere instruo, instruxi, instructum	aufstellen, einrichten, unterrichten	
instrumentum	Werkzeug, Mittel	instrumenta luxuriae: *Mittel zum Luxus*
industria	Fleiß	

studēre studeo, studui, –	sich bemühen, streben nach	Omnes beatitudini student: *Alle streben nach Glückseligkeit.* Omnes beati esse student: *Alle wollen glücklich sein.*
studium	Eifer, Bemühung, Beschäftigung	
stultus, -a, -um	dumm	
suadēre suadeo, suasi, suasum	raten	
persuadēre persuadeo, persuasi, persuasum	überreden, überzeugen	Tibi persuasi, ut me comitareris: *Ich habe dich überredet, dass du mich begleitest.*
sub Präp. mit Abl./Akk.	unter	sub mensa/sub mensam: *unter dem Tisch/unter den Tisch*
assuescere assuesco, assuevi, –	sich gewöhnen	
consuescere consuesco, consuevi, –	sich gewöhnen	Consuevit semper tacere: *Er hat sich daran gewöhnt, immer zu schweigen.*
consuetudo, consuetudinis f.	Gewohnheit, Brauch, Umgang	Mihi consuetudo nobilitatis est: *Ich pflege Umgang mit dem Adel.*
consulere consulo, consului, consultum	fragen, beratschlagen, sorgen für	amicum consulere: *den Freund fragen* amicis consulere: *für die Freunde sorgen*
consultum	Beschluss	
consul, consulis m.	Konsul	
consulatus, consulatūs m.	Konsulat	
consilium	Plan, Rat, Ratsversammlung	
supra Präp. mit Akk.	oberhalb, über, über … hinaus	supra modum: *über das Maß hinaus* supra muros salire: *über die Mauern springen*
superi m. Pl.	die Oberirdischen, Götter	
superior, -ius	der obere, der höhere	Superioribus invidetur: *Den Vorgesetzten wird Neid entgegengebracht.*
supremus, -a, -um	der oberste, der höchste, der letzte	suprema nocte: *am Ende der Nacht*
summus, -a, -um	der oberste, der höchste	summus mons: *der höchste Berg* summus orator: *der bedeutendste Redner*

summa	Summe, Hauptsache	summa omnium numerorum: *die Summe aller Zahlen*
superare supero, superavi, superatum	überwinden, übertreffen, besiegen	
superbus, -a, -um	hochmütig, stolz, erhaben	
superbia	Hochmut, Stolz	

T

taberna	Laden, Werkstatt, Gasthaus	
tabula	Tafel, Gemälde	
tacēre taceo, tacui, –	schweigen	
taedet taedet, taeduit	es ekelt	Vitae eum taedet: *Er hat Überdruss am Leben.*
tam Adv.	so	
tamquam Adv.	gleichsam	Me sequitur tamquam magistrum: *Er folgt mir gleichsam als seinem Lehrer.*
tamen Adv.	dennoch, trotzdem	
tandem Adv.	endlich	Tandem mihi ignovisti: *Endlich hast du mir verziehen.*
tantus, -a, -um	so groß	
tantum Adv.	nur	non tantum … sed etiam: *nicht nur …, sondern auch*
tum Adv.	da, dann, darauf, damals	
tunc Adv.	dann, darauf, damals	
talis, -e	so beschaffen	
tot	so viele	tot viri et tot feminae: *so viele Männer und so viele Frauen*
tangere tango, tetigi, tactum	berühren	
attingere attingo, attigi, attactum	berühren	
integer, -a, -um	unberührt, rein, unbescholten	integra vita: *ein unbescholtenes Leben*
contingit contingit, contigit	es wird zuteil, es glückt	Non mihi contigit, ut tecum essem: *Es glückte mir nicht, mit dir zusammen zu sein.*
tegere tego, texi, tectum	bedecken, schützen	
tectum	Dach, Haus	
toga	Toga	
protegere protego, protexi, protectum	schützen	

tellus, telluris f.	Erde, Erdboden	Tellurem adoramus: *Wir beten die Göttin Tellus an.*
telum	Wurfgeschoss	
temere Adv.	blindlings, planlos	
contemnere contemno, contempsi, contemptum	verachten	
templum	Tempel	
contemplari contemplor, contemplatus sum	betrachten	
temptare tempto, temptavi, temptatum	versuchen, angreifen	
tempus, temporis n.	Zeit	
tempestas, tempestatis f.	Sturm, Gewitter	
temperare tempero, temperavi, temperatum	mäßigen, schonen, sich enthalten, leiten	irae temperare: *den Zorn zügeln* minis temperare: *auf Drohungen verzichten* civitatem temperare legibus: *den Staat durch Gesetze lenken*
temperantia	Mäßigung, Zurückhaltung	
tendere tendo, tetendi, tentum	spannen, strecken	
attentus, -a, -um	aufmerksam	
contendere contendo, contendi, contentum	sich anstrengen, eilen, kämpfen, behaupten	
contentus, -a, -um	zufrieden	contentus parvis aedibus: *zufrieden mit einem kleinen Haus*
intentus, -a, -um	aufmerksam	
ostendere ostendo, ostendi, <ostentatum>	zeigen	
tenēre teneo, tenui, –	haben, halten	
abstinēre abstineo, abstinui, –	abhalten, sich enthalten	cibis abstinere: *sich der Speisen enthalten*
continēre contineo, continui, –	zusammenhalten, festhalten, enthalten	
continuus, -a, -um	zusammenhängend, ununterbrochen	
obtinēre obtineo, obtinui, obtentum	festhalten, besitzen	

T

pertinēre pertineo, pertinui, –	sich erstrecken, sich beziehen auf	in totam vitam pertinere: *sich auf das ganze Leben erstrecken*
protinus Adv.	sofort	
retinēre retineo, retinui, retentum	zurückhalten	
sustinēre sustineo, sustinui, <sustentatum>	aushalten, ertragen	
tenebrae, tenebrarum f. Pl.	Dunkelheit, Finsternis	
tener, tenera, tenerum	zart, jung	plantae tenerae: *zarte Pflänzchen*
tergum	Rücken	
terra	Land, Erde	
terrēre terreo, terrui, territum	erschrecken	Fama nos terruit: *Das Gerücht hat uns erschreckt.*
terror, terroris m.	Schrecken	
terribilis, -e	schrecklich	
perterrēre perterreo, perterrui, perterritum	erschrecken	
testis, testis m.	Zeuge	
testimonium	Zeugnis, Beweis	
theatrum	Theater	
timēre timeo, timui, –	fürchten	
timidus, -a, -um	furchtsam, ängstlich	
timor, timoris m.	Furcht	
tollere tollo, sustuli, sublatum	emporheben, aufheben, beseitigen	
tolerare tolero, toleravi, toleratum	ertragen	
torquēre torqueo, torsi, tortum	drehen, foltern	
totus, -a, -um	ganz	toto orbe terrarum: *auf dem ganzen Erdkreis*
trahere traho, traxi, tractum	ziehen, schleppen	
abstrahere abstraho, abstraxi, abstractum	wegziehen, fortschleppen	
tractare tracto, tractavi, tractatum	behandeln, betreiben	

trans Präp. mit Akk.	jenseits, über … hinüber	trans flumen: *jenseits des Flusses/über den Fluss*
trepidare trepido, trepidavi, trepidatum	sich ängstigen, aufgeregt sein	
tribuere tribuo, tribui, tributum	zuteilen	
tribunus	Tribun	tribunus plebis: *Volkstribun*
tributum	Abgabe, Steuer	
attribuere attribuo, attribui, attributum	zuteilen	
distribuere distribuo, distribui, distributum	verteilen	
tristis, -e	traurig	
triumphus	Triumphzug	
tuēri tueor, –	schützen	
tutus, -a, -um	sicher, geschützt	
intuēri intueor, –	anschauen	
tutari tutor, tutatus sum	schützen, beschützen	
tumultus, tumultūs m.	Unruhe, Aufruhr	
contumelia	Beschimpfung, Kränkung	
tunica	Tunika	
turba	Verwirrung, Unruhe, Schar	in turba hominum: *im Menschengewühl*
perturbare perturbo, perturbavi, perturbatum	verwirren, beunruhigen	
turpis, -e	hässlich, schändlich	
turris, turris f.	Turm	

U

uber, uberis	fruchtbar, reichlich	
ubi	wo, sobald	Ubi me vidit, gavisus est: *Sobald er mich sah, freute er sich.*
ubique Adv.	überall	
unde	woher	
undique Adv.	von allen Seiten	
ulcisci ulciscor, ultus sum	sich rächen	Ulciscor hostem: *Ich räche mich am Feind.*
umbra	Schatten	
umerus	Schulter	
unda	Welle, Woge	
abundare abundo, abundavi, abundatum	Überfluss haben an	auro et argento abundare: *Überfluss an Gold und Silber haben*
unus, -a, -um	ein, einzig	Tu unus meus amicus: *Du bist mein einziger Freund.*
unā Adv.	zusammen, zugleich	una cum amicis venire: *zusammen mit den Freunden kommen*
non	nicht	
ullus, -a, -um	irgendein	
nullus, -a, -um	kein	
nonnulli, -ae, -a	einige, manche	
universus, -a, -um	gesamt	universa civitas: *die gesamte Bürgerschaft*
urbs, urbis f.	Stadt	
urere uro, ussi, ustum	anzünden, verbrennen	
usque	bis	usque ad lucem: *bis zum Tagesanbruch*

ut	wie, sobald, dass, damit	
sicut	so wie, wie zum Beispiel, wie wenn	Sicut amicum me salutavit: *Er begrüßte mich wie einen Freund.* Se gerebat, sicut victoria iam capta esset: *Er benahm sich, als ob der Sieg schon gewonnen wäre.*
utinam	dass doch, wenn doch, hoffentlich	Utinam mei numquam obliviscaris!: *Dass du mich nie vergessen mögest! Hoffentlich vergisst du mich nie!*
uter, utra, utrum	welcher von Zweien	Uter consulum?: *Welcher der beiden Konsuln?*
utrum … an	ob … oder	
neuter, neutra, neutrum	keiner von beiden	
uterque, utraque, utrumque	jeder von beiden	
uti utor, usus sum	gebrauchen, benützen	Te amico utor: *Ich habe dich zum Freund.*
usus, usūs m.	Gebrauch, Umgang, Nutzen	Usus tuus mihi multum prodest: *Der Umgang mit dir ist für mich von großem Nutzen.*
utilis, -e	nützlich	
utilitas, utilitatis f.	Nutzen	
uxor, uxoris f.	Ehefrau	

U

V

vacare vaco, vacavi, vacatum	leer sein, frei sein	
vacuus, -a, -um	leer, frei	vacuus timore: *frei von Furcht*
vanus, -a, -um	hohl, eitel, nichtig	spes vana: *nichtige Hoffnung*
vadere vado, –, –	gehen, schreiten	
evadere evado, evasi, evasurus	entgehen, entkommen	
invadere invado, invasi, invasurus	eindringen, angreifen	
vagari vagor, vagatus sum	umherziehen, umherschweifen	Latrones in silva vagantur: *Räuber schweifen im Wald umher.*
valēre valeo, valui, valiturus	gesund sein, stark sein, mächtig sein	
validus, -a, -um	gesund, stark	
valde Adv.	sehr	
valetudo, valetudinis f.	Gesundheit	
convalescere convalesco, convalui, –	gesund werden, erstarken	
vallis, vallis f.	Tal	
varius, -a, -um	bunt, verschieden, vielfältig	
varietas, varietatis f.	Verschiedenheit, Vielfalt, Abwechslung	
vas, vasis n. Plural: vasa, vasorum	Gefäß	
vastus, -a, -um	weit, wüst, öde	mare vastum: *das weite (und unwirtliche) Meer*
vastare vasto, vastavi, vastatum	verwüsten	
vates, vatis m.	Seher	
-ve	oder	homines bestiaeve: *Menschen oder Tiere*
sive … sive	sei es, dass … oder dass	

vehere veho, vexi, vectum	fahren, ziehen	navem in mare vehere: *das Schiff ins Meer ziehen*
vehi vehor, vectus sum	fahren	Aeneas per omnia maria vectus est: *Aeneas fuhr über alle Meere.*
invehi invehor, invectus sum	hineinfahren, angreifen	
vehemens, vehementis	heftig	
vexare vexo, vexavi, vexatum	quälen	
velle volo, volui	wollen	
vel	oder	
velut	wie, wie zum Beispiel	
benevolentia	Wohlwollen	
voluntas, voluntatis f.	Wille, Absicht	
voluptas, voluptatis f.	Vergnügen, Lust	
invitus, -a, -um	ungern	Invitus urbi appropinquavit: *Nur widerwillig näherte er sich der Stadt.*
invitare invito, invitavi, invitatum	einladen	
quamvis	wenn auch noch so	Pericula quamvis magna non timemus: *Auch noch so große Gefahren fürchten wir nicht.* Pericula non timemus, quamvis magna sint: *Gefahren fürchten wir nicht, auch wenn sie noch so groß sind.*
malle malo, malui	lieber wollen	
nolle nolo, nolui	nicht wollen	
vendere vendo, vendidi, venditum	verkaufen	
vēnire vēneo, vēnii, –	verkauft werden	Captivae veneunt servae: *Die gefangenen Frauen werden als Sklavinnen verkauft.*
venerari veneror, veneratus sum	verehren	
venenum	Gift	
venia	Nachsicht, Verzeihung	

V

venire venio, veni, ventum	kommen	
adventire advenio, adveni, adventum	ankommen	
adventus, adventūs m.	Ankunft	
circumvenire circumvenio, circumveni, circumventum	umringen, einschließen	
convenire convenio, conveni, conventum	zusammenkommen, sich einigen, besuchen	Conventum est: *Man kam überein.*
contio, contionis f.	Volksversammlung, Rede in der Volksversammlung	
evenit evenit, evenit	es ereignet sich	evenit, ut … : *es ereignet sich, dass …*
eventus, eventūs m.	Ausgang, Erfolg	
invenire invenio, inveni, inventum	finden, erfinden	
pervenire pervenio, perveni, perventum	hinkommen	
subvenire subvenio, subveni, subventum	zu Hilfe kommen	
venter, ventris m.	Magen, Bauch	
ventus	Wind	
ver, veris n.	Frühling	
verbera, verberum n. Pl.	Schläge	
verbum	Wort	
verēri vereor, veritus sum	fürchten, verehren	
verecundia	Ehrfurcht, Scheu	
vertere verto, verti, versum	wenden, drehen	
versus, versūs m.	Zeile, Vers	
rursus Adv.	wieder	
avertere averto, averti, aversum	abwenden	
adversus, -a, -um	zugewandt, entgegen, ungünstig	res adversae: *Unglück*
adversarius	Gegner	

animadvertere animadverto, animadverti, animadversum	wahrnehmen, bemerken, vorgehen gegen	animadvertere in hostes crudeliter: *grausam gegen die Feinde vorgehen*
convertere converto, converti, conversum	umwenden, verwandeln	
controversia	Streit	
diversus, -a, -um	verschieden, in verschiedene Richtung	Diversi abeunt: *Sie gehen in verschiedene Richtungen weg.*
evertere everto, everti, eversum	umstürzen, zerstören	
reverti revertor, reverti	zurückkehren	Quando revertistis?: *Wann seid ihr zurückgekehrt?*
versari versor, versatus sum	sich aufhalten, verweilen	in studiis versari: *studieren*
verus, -a, -um	wahr, wirklich	
veritas, veritatis f.	Wahrheit	
vero Adv.	aber, wirklich	Eam vero diligit: *Er liebt sie wirklich.*
verum Adv.	aber	non solum … verum etiam: *nicht nur …, sondern auch*
vesper, vesperi	Abendstern, Abend	
vestis, vestis f.	Kleid, Kleidung	
vestire vestio, vestivi, vestitum	bekleiden	
vetare veto, vetui, vetitum	verbieten	Me vetuit abire pater: *Der Vater verbot mir wegzugehen.*
vetus, veteris	alt	
via	Weg, Straße	
obviam Adv.	entgegen	obviam ire: *entgegengehen*
invicem Adv.	abwechselnd, einander	Diligunt se invicem: *Sie schätzen einander.*
vicus	Straße, Dorf	
vicinus, -a, -um	benachbart	
vidēre video, vidi, visum	sehen	
vidēri videor, visus sum	scheinen	Homo bonus esse videtur: *Er scheint ein guter Mensch zu sein.*
invidēre invideo, invidi, invisum	beneiden	Mihi invidetur: *Man beneidet mich.*

V

invidia	Neid, Missgunst	
invisus, -a, -um	verhasst	hostes invisi: *die verhassten Feinde*
providēre provideo, providi, provisum	vorhersehen, sorgen für	liberis providere: *für die Kinder sorgen*
prudens, prudentis	klug	
prudentia	Klugheit	
visere viso, visi, –	besichtigen, besuchen	
dividere divido, divisi, divisum	trennen, teilen	
vigēre vigeo, vigui, –	frisch sein, stark sein	
vigilia	Wachtposten, Nachtwache	Secunda vigilia hostis invasit: *Während der zweiten Nachtwache griff der Feind an.*
vilis, -e	billig, wertlos	
villa	Landhaus, Bauernhof	
vincere vinco, vici, victum	siegen, besiegen	
victor, victoris m.	Sieger	
victoria	Sieg	
convincere convinco, convici, convictum	überführen, widerlegen	
vinculum	Band, Fessel	
vindicare vindico, vindicavi, vindicatum	beanspruchen, befreien, bestrafen	Mors vitam sibi vindicat: *Der Tod erhebt Anspruch auf das Leben.* ex dominatu vindicare: *aus der Knechtschaft befreien* necem vindicare: *den Mord bestrafen*
vinum	Wein	
vir, viri	Mann	tresviri: *ein Dreimännerkollegium*
virtus, virtutis f.	Tüchtigkeit, Tugend, Tapferkeit	
virgo, virginis f.	Mädchen	
vis (vim, vi) f.	Gewalt, Kraft, Menge	viribus plurimis: *mit gewaltigen Streitkräften*

vitare vito, vitavi, vitatum	meiden, vermeiden	
vitium	Fehler, Laster	vitiis indulgere: *sich den Lastern ergeben*
vivere vivo, vixi, victurus	leben	
victus, victūs m.	Lebensunterhalt, Lebensweise	
vita	Leben	
vivus, -a, -um	lebend, lebendig	
conviva	Gast	
convivium	Gastmahl, Gelage	
vix	kaum	
volare volo, volavi, volatum	fliegen	
volvere volvo, volvi, volutum	wälzen, rollen	multa secum volvere: *sich viele Gedanken machen*
vovēre voveo, vovi, votum	geloben	
vox, vocis f.	Stimme, Wort	
vocare voco, vocavi, vocatum	rufen, nennen	
advocare advoco, advocavi, advocatum	herbeirufen, anrufen	
convocare convoco, convocavi, convocatum	zusammenrufen	
revocare revoco, revocavi, revocatum	zurückrufen	
vulgus, vulgi n.	Volk, Masse	consensus vulgi: *die Zustimmung der Masse*
vulnus, vulneris n.	die Wunde	
vulnerare vulnero, vulneravi, vulneratum	verletzen	
vultus, vultūs m.	Gesicht, Gesichtsausdruck, Miene	

V

Einfache Pronomina

ego	ich
tu	du
is, ea, id	er, sie, es
nos	wir
vos	ihr
ii, eae, ea	sie
hic, haec, hoc	dieser, diese, dieses
ille, illa, illud	jener, jene, jenes
ipse, ipsa, ipsum	er selbst, sie selbst, es selbst
is, ea, id	dieser, diese, dieses
iste, ista, istud	dieser, diese, dieses
meus, -a, -um	mein
tuus, -a, -um	dein
suus, -a, -um	sein
noster, -a, -um	unser
vester, -a, -um	euer
suus, -a, -um	ihr
qui, quae, quod	welcher, welche, welches
quis? quid?	wer? was?
sui (sibi, se, secum)	seiner (sich, sich, mit sich)

Zusammengesetzte Pronomina

aliqui, aliqua, aliquod	irgendein, irgendeine, irgendein
aliquis, aliquid	irgendwer, irgendwas
idem, eadem, idem	derselbe, dieselbe, dasselbe
quicumque, quaecumque, quodcumque	welcher auch immer, welche auch immer, welches auch immer
quidam, quaedam, quoddam[1]	ein gewisser, eine gewisse, ein gewisses
quilibet, quaelibet, quodlibet[2]	jeder, jede, jedes
quisquam, quicquam	irgendwer, irgendwas
quisque, quaeque, quodque[3]	jeder, jede, jedes
quisquis, quidquid	wer auch immer, was auch immer
quivis, quaevis, quodvis	jeder, jede, jedes

1 Es kommt auch *quiddam* vor.
2 Es kommt auch *quidlibet* vor.
3 Es kommt auch *quidque* vor. Häufig erscheint dieses Pronomen in der Zusammensetzung mit *unus-*: *unusquisque, unaquaeque, unumquodque* – ein jeder, eine jede, ein jedes.

Zahlen

Es werden nur die wichtigsten Grundzahlen (Cardinalia) und Ordnungszahlen (Ordinalia) genannt: Wer diese beherrscht, kann die restlichen Zahlen unschwer erschließen.

Grundzahlen		Ordnungszahlen	
unus, -a, -um	ein	primus, -a, -um	der/die/das erste
duo, duae, duo	zwei	secundus, -a, -um	der zweite
tres, tria	drei	tertius, -a, -um	der dritte
quattuor	vier	quartus, -a, -um	der vierte
quinque	fünf	quintus, -a, -um	der fünfte
sex	sechs	sextus, -a, -um	der sechste
septem	sieben	septimus, -a, -um	der siebte
octo	acht	octavus, -a, -um	der achte
novem	neun	nonus, -a, -um	der neunte
decem	zehn	decimus, -a, -um	der zehnte
undecim	elf	undecimus, -a, -um	der elfte
duodecim	zwölf	duodecimus, -a, -um	der zwölfte
viginti	zwanzig	vicesimus, -a, -um	der zwanzigste
triginta	dreißig	tricesimus, -a, -um	der dreißigste
quadraginta	vierzig	quadragesimus, -a, -um	der vierzigste
centum	hundert	centesimus, -a, -um	der hundertste
ducenti, -ae, -a	200	ducesimus, -a, -um	der zweihundertste
trecenti, -ae, -a	300	trecentesimus, -a, -um	der dreihundertste
quadringenti, -ae, -a	400	quadringentesimus, -a, -um	der vierhundertste
mille	1 000	millesimus, -a, -um	der tausendste
duo milia	2 000	bis millesimus, -a, -um	der zweitausendste

Training

1 Erkennen unbekannter Wörter

1.1 Komposita des Verbums

Oft kann man bei zusammengesetzten Verben, den sogenannten **Komposita** (z. B. *re-mittere* – zurückschicken, nachlassen), die Bedeutung leicht erschließen, wenn man das einfache Verbum, das sogenannte **Simplex** (z. B. *mittere* – schicken, gehen lassen) kennt. Eine vor ein Simplex gestellte Vorsilbe, ein **Präfix**, besteht entweder aus einer **Präposition** *(ab-, ad-, ante-, circum-, cum-, de-, ex-, in-, ob-, per-, prae-, pro-, sub-, trans-)* oder den **Vorsilben** *dis-* und *se-*, welche eine Trennung signalisieren, dem Präfix *re-*, welches ein „zurück", und dem Präfix *ne-*, welches eine Verneinung bedeutet. Oft verändert sich die Vorsilbe beim „Aufprall" auf den ersten Buchstaben des einfachen Verbums, z. B. durch Angleichung **(Assimilation)** an diesen.

Beispiel

ad-petere → **ap**petere
cum-ducere → **con**ducere
ob-ferre → **of**ferre
sub-cedere → **suc**cedere
dis-ferre → **dif**ferre

Es macht aber keine Schwierigkeiten, die Vorsilbe oder den – manchmal leicht veränderten – Stamm sicher zu identifizieren.
Das **Präfix** modifiziert die Bedeutung des Verbstammes, wobei die Vorsilbe entweder ihre **ursprüngliche Bedeutung** beibehält,

Beispiel ducere – *führen* → **re**ducere – *zurückführen*

oder in **bildlich-übertragener Bedeutung** gebraucht wird.

Beispiel dare – *geben* → **pro**dere – *preisgeben, verraten*

Folgende Beispiele von Komposita, welche mit den gängigen Präfixen verbunden sind, sollen das Erkennen der Bedeutung zusammengesetzter Verba einüben und damit erleichtern. Die Komposita stehen in einem Satzzusammenhang, wobei sie entweder

- in ihrer ursprünglichen Bedeutung gebraucht sind (A) oder
- in bildlich-übertragener Bedeutung erscheinen (B): Hier ist beim Übersetzen ein gewisses Sprachgefühl gefordert.

- Simplex: *ire* (gehen) → Kompositum: *abire*

  A: Legati ex urbe abeunt.
  Die Gesandten gehen aus der Stadt weg.

  B: Dictator magistratu abire non vult.
  Der Diktator will von seinem Amt nicht zurücktreten.

- Simplex: *capere* (fassen, ergreifen) → Kompositum: *accipere*

  A: Dona amicorum libenter accepimus.
  Wir haben die Geschenke der Freunde gerne angenommen.

  B: A te accepimus Romanos a Graecis cultura victos esse.
  Wir haben von dir vernommen, dass die Römer von den Griechen kulturell besiegt worden sind.

- Simplex: *dare* (geben) → Kompositum: *circumdare*

  A: Romani urbem muro circumdederunt.
  Die Römer haben ihre Stadt mit einer Mauer umgeben.

  B: Vita finibus temporis circumdata est.
  Das Leben ist durch die Grenzen der Zeit eingeschränkt.

- Simplex: *ponere* (setzen, stellen, legen) → Kompositum: *componere*

  A: Plato multas sententias Socratis composuit.
  Plato hat viele Sätze des Sokrates zusammengestellt.

  B: Dicta oratorum cum factis componere debetis.
  Ihr müsst die Worte der Redner mit ihren Taten vergleichen.

- Simplex: *ferre* (tragen) → Kompositum: *effere*

  A: Servi dominum ex aedibus in hortum efferunt.
  Die Sklaven tragen den Herrn aus dem Haus in den Garten.

  B: Patrem luctu magno efferunt.
  Sie bestatten den Vater unter großer Trauer.

- Simplex: *stare* (stehen) → Kompositum: *instare*

  A: In saxo duro insto.
  Ich stehe auf einem harten Stein.

  B: Periculum magnum nobis instat.
  Eine große Gefahr droht uns.

- Simplex: *ferre* (tragen) → Kompositum: *perferre*

  A: Aeneas patrem usque ad litus pertulit.
  Äneas trug seinen Vater bis zur Küste.

  B: Iussa omnia imperatoris perlata sunt.
  Alle Befehle des Feldherrn sind ausgeführt worden.

- Simplex: *esse* (sein) → Kompositum: *praeesse*

  A: Duces semper praesunto.
  Die Führer sollen immer vorne sein.

  B: Cicero multis magistratibus praeerat.
  Cicero hat viele Ämter bekleidet.

- Simplex: *specere* (sehen) → Kompositum: *prospicere*

  A: Italiam a mari prospicimus.
  Wir sehen Italien vom Meer aus vor uns.

  B: Consul semper patriae prospiciat.
  Der Konsul soll immer fürs Vaterland sorgen.

- Simplex: *portare* (tragen, bringen) → Kompositum: *transportare*

  A: Romani saepe exercitum in Graeciam transportabant.
  Die Römer setzten oft ein Heer nach Griechenland über.

  B: Princeps inimicum in Sardiniam transportavit.
  Der Kaiser hat seinen Feind nach Sardinien verbannt.

- Simplex: *tribuere* (zuteilen) → Kompositum: *distribuere*

  A: Milites in legiones distributae sunt.
  Die Soldaten sind auf die Legionen verteilt worden.

  B: Cicero orationem in tres partes distribuit.
  Cicero hat seine Rede in drei Teile eingeteilt.

- Simplex: *emere* (nehmen, kaufen) → Kompositum: *redimere*

  A: Paulus domum venditam redimere potuit.
  Paulus konnte sein verkauftes Haus zurückkaufen.

  B: Oportet vitia virtutibus redimere.
  Man sollte Fehler durch Tugenden ausgleichen.

- Simplex: *scire* (wissen) → Kompositum: *nescire*

  A: Cur non fatear nescire, quod nescio.
  Warum sollte ich nicht zugeben, nicht zu wissen, was ich nicht weiß.

  B: Virtus decipi nescit.
  Tugend lässt sich nicht täuschen.

bung 1 Unterstreichen Sie in den Sätzen von Aufgabe 2 die Präfixe der in ihnen enthaltenen Komposita.

bung 2 Übersetzen Sie die folgenden Sätze und geben Sie jeweils an, ob das Kompositum in seiner ursprünglichen Bedeutung (A) oder in übertragener Bedeutung (B) gebraucht ist.

a) Milites urbe occupata multum aurum et argentum conferebant.

____

____

b) Post reditum suum Caesar statim in curiam se contulit.

c) Solum homines stulti servos despiciunt.

d) Pecuniam, qua tibi aderam, mihi nunc reddidisti.

e) Laeti omnes post multos annos in patriam rediimus.

f) Patrem familias familiae semper prospicere oportet.

g) Totus populus Romanus Augustum imperatorem laudibus efferebat.

1.2 Verneinung des Substantivs und Adjektivs durch ein Präfix

Das häufige Präfix *in-* (im Deutschen un-: gesund – ungesund), die seltenen Präfixe *dis-* (*dis-* signalisiert eine Trennung, ein Auseinanderstreben: vgl. *harmonia/disharmonia* – Harmonie/Disharmonie; *concursus* – Zusammenlaufen, *discursus* – Auseinanderlaufen) und *ne-* verwandeln die ursprüngliche Bedeutung des Substantivs oder Adjektivs in sein Gegenteil, sie verneinen es.

Das Präfix *in-*

Das Präfix *in-* assimiliert sich oft an den Anfangsbuchstaben des folgenden Wortes: *in-probus* → *improbus.*
Manchmal erscheint das positive Wort in der Negation verändert, es wandert zum Beispiel in eine andere Deklination ab.

Beispiel

opes, opum	(3. Deklination)	→	Reichtum
inopia	(1. Deklination)	→	Not

- Beispiele für verneinte Substantive:

patientia Geduld	→	impatientia Ungeduld
commodum Bequemlichkeit, Vorteil	→	incommodum Unbequemlichkeit, Nachteil
constantia Standhaftigkeit	→	inconstantia Unbeständigkeit
aequitas Gleichheit, Gerechtigkeit	→	iniquitas Ungleichheit, Ungerechtigkeit
temperantia Mäßigung, Selbstbeherrschung	→	intemperantia Zügellosigkeit

- Beispiele für verneinte Adjektive:

paratus bereit	→	imparatus unvorbereitet
certus sicher, zuverlässig	→	incertus unsicher, unzuverlässig
notus bekannt	→	ignotus unbekannt
peritus erfahren	→	imperitus unerfahren
pius fromm	→	impius gottlos

Das Präfix *dis*-

- Beispiele für verneinte Substantive:

concordia Eintracht	→	discordia Zwietracht
similitudo Ähnlichkeit	→	dissimilitudo Unähnlichkeit, Verschiedenheit

- Beispiele für verneinte Adjektive:

facilis leicht	→	difficilis schwierig
similis ähnlich	→	dissimilis unähnlich, verschieden

Das Präfix *ne*-

- Beispiele für verneinte Substantive:

otium Ruhe, Muße	→	negotium Beschäftigung, Arbeit
fas (göttliches) Recht	→	nefas Unrecht

- Beispiele für verneinte Adjektive:

conscius bewusst	→	nescius unwissend
dies fasti Gerichtstage	→	dies nefasti Feiertage

Übung 3 Suchen Sie zu folgenden Wörtern jeweils den positiven Begriff und übersetzen Sie diesen.

	positiver Begriff	Übersetzung
impatiens	__________	__________
inhumanitas	__________	__________
immemor	__________	__________
dispar	__________	__________
impurus	__________	__________
insomnia	__________	__________

Übung 4 Übersetzen Sie nun den angegebenen negativen Begriff von Aufgabe 3.

	Übersetzung
impatiens	__________
inhumanitas	__________
immemor	__________
dispar	__________
impurus	__________
insomnia	__________

1.3 Wortfamilien

Das Verständnis für Wortfamilien erleichtert das Erschließen und Erkennen unbekannter Wörter in lateinischen Texten ganz bedeutend. Dieses Kapitel soll mit der Handhabung stammverwandter Wörter vertraut machen. Zu einer Wortfamilie gehören alle Wörter mit derselben Abstammung, demselben **„Stammbaum"**.

Beispiel

forma → die Form, Gestalt
deformis → entstellt, hässlich
formare → formen
formica → die Ameise (mit ausgeprägt geformten Körperteilen)

In all diesen Wörtern steckt dieselbe Wurzel *(form-)*, die durch Erweiterung mit **Präfixen** *(de-formis)* oder **Suffixen** *(form-a:* a-Deklination, *forma-re:* a-Konjugation) zu eigenständigen Wörtern ausgeformt wird.
In diesem Beispiel ist die **„Mutter" der Wortfamilie** das **Substantiv** *forma*, von dem die „Kinder" sozusagen abstammen: von *forma* (die Form) zum Beispiel das Verbum *formare* (in eine Form bringen, formen).
Das **Grundwort**, aus dem sich die stammverwandten Wörter entwickeln, kann wie im ersten Beispiel ein Substantiv sein, es kann aber auch jeder anderen Wortart angehören. Sehr häufig ist das Grundwort einer Wortfamilie ein **Verbum**.

Beispiel

frui	→	genießen
fruges	→	die Feldfrüchte
fructus	→	die Frucht, der Nutzen, der Zins
frumentum	→	das Getreide
frumentari	→	Getreide holen

Hier entwickeln sich aus dem Verbum *frui* (genießen) vor allem die in der Antike als Hauptnahrung verwendeten Genussmittel: *fruges* (Feldfrüchte) und *frumentum* (Getreide).

Aber auch ein **Adjektiv** kann zur **„Stamm-Mutter"** einer Wortfamilie werden:

Beispiel

acer	→	scharf
acies	→	die Schärfe, die Schlachtordnung, die Schlacht
acuere	→	schärfen, anspornen
acutus	→	scharf, spitzig, scharfsinnig
acus	→	die Nadel

Lauter Wörter, die mit „Schärfe" zu tun haben: So kann zum Beispiel *acies* die scharfe Schneide eines Messers sein, aber auch bildlich zunächst die vorderste Linie der Phalanx bedeuten, die erste Kampfreihe der Soldaten: den Teil der Schlachtreihe, wo diese „am schärfsten" ist.
Das Adjektiv *acutus* kann sich auf ein scharfes Messer, eine spitze Nadel, aber auch einen spitzen Ton *(sonus acutus)* oder gar einen scharfen Verstand *(mens acuta)* beziehen.
Oft hat ein Wort auch **zwei „Elternteile"**, wie zum Beispiel *agricola* (der Bauer), in dem einerseits das Substantiv *ager* (der Acker), andererseits das Verbum *colere* (bebauen) steckt. *Agricola* ist also derjenige, der den Acker bebaut.

Eine Wortkunde ist nach Wortfamilien aufgebaut, was das „Lernen mit Verstand" fördern soll. Wenn man sich die Bedeutungsentwicklung eines Wortes aus seinem Grundwort klar macht, versteht man das einzelne Wort besser und kann es sich damit leichter merken, als wenn man nur unreflektiert auswendig lernt.

Als weiteres Beispiel soll die Wortfamilie von *aequus* (gleich, eben, gerecht, billig) dienen: Dieses Adjektiv bildet das **Grundwort** der Wortfamilie. Zunächst ist die genaue Bedeutung des Grundwortes selbst interessant (die Lehre von der Bedeutung der Wörter ist die **Semantik**). *Aequus* heißt eigentlich „gleich"; zum Beispiel sind zwei Bäume gleich hoch: *arbores aequa altitudine* (Bäume von gleicher Höhe).

Einen Boden, der an seiner Oberfläche überall „gleich hoch" ist, nennt man „eben". Geht es im menschlichen Zusammensein „eben" zu, das heißt, dass keiner mehr Vorteile genießt als der andere oder mehr Nachteile einstecken muss, dann ist das „ebene Verhältnis" „gerecht" oder „billig". Man sieht, dass oft ein Grundwort schon eine ganze **Palette von Bedeutungen** enthält, die sich wieder von einer ersten, einer Grundbedeutung ableiten:

- Durch die **verneinende Vorsilbe** *in-* wird das Adjektiv in sein Gegenteil verwandelt: *iniquus* (ungleich, uneben, ungerecht).
- Durch ein **substantivisches Suffix** wird das Adjektiv zum Substantiv: *aequitas* (die Gleichheit, die Gerechtigkeit). Dieses Substantiv enthält noch eine **zusätzliche Bedeutung**, da es auch einen „ebenen" Gemütszustand ohne Höhen und Tiefen ausdrücken kann: *aequitas* (der Gleichmut).
- Ein von *aequus* **abgeleitetes zweites Adjektiv** bezeichnet den gleichaltrigen Menschen: *aequalis* (gleichaltrig).
- Man kann dieses Adjektiv auch **substantivieren**, als Substantiv gebrauchen: *aequalis* (der Altersgenosse, Zeitgenosse).
- Die Ebene, die sich am weitesten und auffälligsten erstreckt, ist die beeindruckende Oberfläche des Meeres: *aequor* (die Meeresfläche, das Meer).
- Auch ein **Verbum** lässt sich von *aequus* ableiten: *aequare* – „gleichmachen", im übertragenen Sinne: jemandem „gleichkommen".

Nun diese Wortfamilie noch einmal im Überblick:

Beispiel

aequus	→	gleich, eben, gerecht, billig
iniquus	→	ungleich, uneben, ungerecht
aequitas	→	die Gleichheit, die Gerechtigkeit, der Gleichmut
aequalis, -e	→	gleichaltrig
aequalis, -is	→	der Altersgenosse, der Zeitgenosse
aequor	→	die Meeresfläche, das Meer
aequare	→	gleichmachen, gleichkommen

Der eine Vorteil des Lernens in Wortfamilien ist schon genannt worden: Es ist logischer und damit leichter. Der andere ist fast genauso wichtig: Man kann sich die Bedeutung der Wörter innerhalb einer Wortfamilie oft selber ableiten und damit von bekannten auf unbekannte Wörter schließen. Das soll an den folgenden Aufgaben ausprobiert werden. Die Wortfamilien stammen zwar aus unserer Wortkunde, sind aber noch etwas erweitert.

Übung 5 Ergänzen Sie aus dem jeweils angegebenen Grundwort die Bedeutung der Wörter folgender Wortfamilie.

a) **sanus, -a, -um**	gesund
sane	______
saniter	______
insanus, -a, -um	______
sanifer, -a, -um	______
sanare	______
sanitas, -atis	______
b) **nomen, nominis**	der Name, Begriff
cognomen, cognominis	______
praenomen, praenominis	______
nominatio, nominationis	______
ignominia	______
nominalis, -e	______
nominatus, -a, -um	______
nominatim	______
nominare	______

Übung 6 Zum Schluss geht es um Wörter, die sich vom Grundwort *aurum* (das Gold) ableiten. Da es sich um zum Teil ausgefallene Bedeutungen handelt, wird jeweils ein hilfreicher Hinweis gegeben.
Erschließen Sie die Bedeutung folgender Wörter dieser Wortfamilie.

aurora ______
(Es handelt sich um eine rotgolden glänzende Tageszeit.)

aurifer, -a, -um ______
(Eine Eigenschaft von Gewässern, in denen früher Abenteurer ihr Glück suchten.)

aurifex, aurificis ______
(Ein Handwerker, der mit Gold arbeitet.)

aurata ____________________

(Ein golden glänzender Fisch.)

auramentum ____________________

(Das hatte ein reicher Römer zur Bewirtung seiner Gäste auf dem Tisch.)

auratura ____________________

(Außenhaut eines Kunstwerkes)

aurescere ____________________

(Das geschieht oft mit dem Himmel, wenn die Sonne untergeht.)

aureolus, -a, -um ____________________

(Was ist eine *puella aureola?*)

1.4 Wortfelder

Während die **Wortfamilien** denselben „Stammbaum" haben (z. B. *ius, iustus, iustitia, iniuria*), sind die Wörter eines Wortfeldes nicht miteinander „verwandt". Zu einem **Wortfeld** gehören alle Wörter, die sich auf den gleichen Gegenstand beziehen, d. h., eine ähnliche Bedeutung haben. Man kann zunächst von **Sachfeldern** sprechen.

Ein großes Sachfeld bilden zum Beispiel alle Wörter, die mit dem in Rom eine wichtige Rolle spielenden Rechtswesen zu tun haben: Das können **Substantive** (z. B. *iustitia* – die Gerechtigkeit, *lex* – das Gesetz, *scelus* – das Verbrechen), **Adjektive** (z. B. *iustus* – gerecht, *iniquus* – ungerecht, *scelestus* – verbrecherisch) oder **Verben** (z. B. *arguere* – beschuldigen, *convincere* – überführen, *absolvere* – freisprechen) sein.

Einem **Wortfeld** – das ist der engere Begriff – gehören alle Wörter mit derselben Bedeutung an, Wörter also, die sich auf dieselbe Handlung, dieselbe Eigenschaft oder denselben Gegenstand beziehen. Dabei ist freilich zu beachten, dass sich bedeutungsgleiche Wörter nie in ihrer Bedeutung ganz decken, sie stimmen nur teilweise überein, sind nur teilweise bedeutungsgleich. Sie überschneiden sich also einerseits, andererseits unterscheiden sie sich auch in Teilen ihres Bedeutungsumfangs.

Beispiel *fors* → der Zufall (vgl. *forte*: zufällig)
casus → der Zufall

Beide Substantive bezeichnen einen nicht vorhersehbaren Zufall, überschneiden sich hier also in ihrer Bedeutung. *Casus* hat aber zusätzlich oft eine negative Färbung und bezeichnet dann einen unglücklichen Zufall, unterscheidet sich in diesem Punkt also von *fors.*

Beispiel

fors → der Zufall
casus → der Zufall, der Unfall, das Unglück

Der Fachterminus für bedeutungsgleiche (oder bedeutungsähnliche) Wörter heißt **Synonyma:** Ein Wortfeld besteht also aus synonymen Wörtern.
Die Beschäftigung mit Wortfeldern ersetzt nicht das Wörterlernen in der Wortkunde, kann aber mit der grundsätzlichen Problematik jedes Übersetzens vertrauter machen. Die Beschäftigung mit dem Wortfeld lohnt sich auch deswegen, weil es in der Abiturprüfung immer wieder eine Rolle spielt. Da heißt es dann zum Beispiel: „Stellen Sie alle Ihnen bekannten lateinischen Substantive zum Begriff ‚Glück' zusammen und versuchen Sie, ihre Bedeutungsunterschiede in einer deutschen Übersetzung zu zeigen!"
Im Folgenden sollen jeweils ein verbales, ein adjektivisches und ein substantivisches Wortfeld betrachtet werden.

- Verbum – Wortfeld: besiegen, unterwerfen

vincere → besiegen
Man geht als Sieger und nicht als Unterlegener aus einem Kampf hervor. Das Verbum ist also recht neutral.

superare → die Oberhand gewinnen
Man ist dem Gegner kräftemäßig überlegen *(superior)*.

debellare → niederkämpfen
Man führt den Krieg bis zum für den Gegner bitteren Ende; man kämpft so lange, bis der Gegner zu keinem Widerstand mehr fähig ist.

subigere → unterjochen
Man macht den Gegner so abhängig, dass er keinerlei eigene Handlungsfreiheit mehr hat.

domare → bändigen
Man wirft sich zum Herrn *(dominus)* oder gar Tyrannen des Gegners auf.

subicere → unterwerfen
Das Verbum ist nicht ganz so stark wie *subigere,* bedeutet aber auch, den Gegner seinem eigenen Willen gefügig zu machen.

pacare → befrieden
So nannten die Römer gern die Unterwerfung fremder Völker: diesen „den Frieden bringen".

- Adjektiv – Wortfeld: gut, tugendhaft, gesittet

bonus → gut
Das ist der allgemeinste und damit neutralste Begriff.

probus → rechtschaffen
Das Adjektiv bezeichnet einen Mann, der immer treu seine Pflicht erfüllt: einen braven Mann.

honestus → ehrenhaft
Ein ehrenhafter Mann verdient die offizielle Anerkennung seiner Mitbürger. In Rom qualifiziert er sich eventuell für ein politisches Ehrenamt *(honos)*.

rectus → aufrecht

An einen aufrechten Mann kann man „gerades Maß“ anlegen, er entspricht dem, was der bestehende Sittenkodex vom Bürger fordert.

integer → untadelig

Untadelig ist ein Mensch, der sich von keiner Schlechtigkeit anrühren lässt (vgl. *tangere* – berühren).

innocens → unschuldig

Unschuldig ist der Mann, der keinem anderen einen Schaden zufügt (vgl. *nocēre* – schaden).

- Substantiv – Wortfeld: Verstand, Geist, Seele

mens → Verstand

Es handelt sich um den gesunden Menschenverstand, der klar denken kann.

animus → Geist

Dieser Begriff fasst den gesamten geistigen, seelischen, gefühlsmäßigen Bereich im Menschen zusammen, es ist der umfassendste Begriff. Oft drückt er im Textzusammenhang nur einen Teilbereich seines gesamten Spektrums aus, zum Beispiel den Mut.

anima → Seele

Es handelt sich um die beseelende, belebende Kraft.

spiritus → Begeisterung

Diese Übersetzung trifft das überhöhte Lebensgefühl, das der Begriff ausdrückt: Es handelt sich um ein beflügeltes Denken.

cor → Herz

Das körperliche Organ erscheint hier metaphorisch als Träger menschlicher Gefühle.

ratio → Vernunft

Es handelt sich um eine höhere Vernunft, die den Menschen als geistiges Wesen mit dem göttlichen Bereich verbindet.

ingenium → Begabung

Dieser Begriff umfasst die positiven Anlagen eines Menschen, seine ganze geistige Persönlichkeit.

Die Beschäftigung mit einigen Wortfeldern macht bereits die Schwierigkeit klar, den Bedeutungsgehalt eines lateinischen Wortes richtig zu erfassen. Eine weitere Schwierigkeit besteht darin, dass bedeutungsgleiche oder besser bedeutungsähnliche deutsche Wörter niemals genau den Bedeutungsumfang des lateinischen Wortes genau treffen. Oft überschneiden sich die Bedeutungen teilweise, in manchen Punkten widersprechen sie einander, selten sind sie deckungsgleich.

Ein gutes Beispiel dafür ist *imperium* (Befehl, Herrschaft, Reich): Dieser umfassende lateinische Begriff kann nur mit mehreren deutschen Wörtern ganz erfasst werden: Er kann konkret gemeint sein (*imperium regis* – ein Befehl des Königs), aber auch abstrakt für den gesamten Herrschaftsbereich eines Volkes stehen (*imperium populi Romani* – das Römische Reich).

Übung 7 Stellen Sie die Ihnen bekannten lateinischen Substantive zu den Begriffen „Glück, Zufall, Schicksal“ zusammen und geben Sie jeweils eine den Bedeutungsunterschied kennzeichnende Übersetzung an.

lateinisches Substantiv ______________________
Übersetzung ______________________
Erläuterung ______________________

lateinisches Substantiv ______________________
Übersetzung ______________________
Erläuterung ______________________

lateinisches Substantiv ______________________
Übersetzung ______________________
Erläuterung ______________________

lateinisches Substantiv ______________________
Übersetzung ______________________
Erläuterung ______________________

lateinisches Substantiv ______________________
Übersetzung ______________________
Erläuterung ______________________

lateinisches Substantiv ______________________
Übersetzung ______________________
Erläuterung ______________________

lateinisches Substantiv ______________________
Übersetzung ______________________
Erläuterung ______________________

2 Lateinische Wurzeln neusprachlicher Wörter

Jeder Schüler, der neben Latein andere Fremdsprachen in der Schule lernt, weiß, dass er dort ständig lateinischen Wörtern begegnet. Das gilt natürlich besonders für alle „Töchter" des Lateinischen, die sogenannten **„romanischen Sprachen"**, die sich aus der lateinischen Sprache entwickelt haben: das Italienische, das Französische, das Spanische, um nur die geläufigsten zu nennen. Aber auch sogenannte **„germanische Sprachen"** sind vielfach vom Lateinischen beeinflusst, vor allem das Englische, aber auch das Deutsche.
Wer Latein lernt, hat es beim Erlernen der modernen Fremdsprachen leichter, oft bilden lateinische Wörter den Schlüssel zu neusprachlichen Wörtern. Manchmal ist es aber auch umgekehrt: Ein modernes Wort, das man schon kennt, erleichtert das Lernen eines lateinischen. Ist das englische *accident* (der Unfall) bekannt, fällt es nicht schwer, das lateinische *accidit* (es ereignet sich) zu verstehen und dem Gedächtnis einzuprägen.

2.1 Latein im Italienischen

Die italienische Sprache steht heute dem antiken Latein am nächsten. Es ist ja die Sprache im Land der Römer, hier lebt das Lateinische in seiner ursprünglichen Heimat fort. Italienisch ist sozusagen Latein in seiner modernsten Fassung. Das Italienische hat viele Laute des Lateinischen, vor allem seine Vokale, originalgetreuer bewahrt als die anderen romanischen Sprachen. Viele italienische Wörter unterscheiden sich nur wenig von ihren lateinischen Ursprungswörtern.

Beispiel

Lateinisch	Italienisch	*Deutsch*
nox	notte	*Nacht*
novus	nuovo	*neu*
filia	figlia	*Tochter*
brevis, -e	breve	*kurz*
longus	lungo	*lang*
pater	padre	*Vater*
soror	suore	*Schwester*
amicus	amico	*Freund*

Besonders auffällig ist, dass eine Reihe italienischer Verben sowohl den ursprünglichen lateinischen Lautbestand vollständig erhalten haben wie auch ihre ursprüngliche Bedeutung.

Beispiel

accendere → anzünden
amare → lieben
donare → schenken
invitare → einladen
perdere → verlieren
salutare → grüßen

Übung 8 Welche lateinischen Wörter entdecken Sie in folgenden italienischen Wörtern? Es handelt sich um verschiedenste Wortarten: Adjektiv, Adverb, Pronomina, Substantive und Verben.

bene	______________	molto	______________
tu	______________	mio, mia	______________
vedere	______________	mese	______________
tempo	______________	ora	______________
marito	______________	entrare	______________

Übung 9 Wenn Sie zu folgenden italienischen Verben die Ihnen aus dem Lateinischen bekannte Bedeutung schreiben, haben Sie sie auch schon richtig übersetzt.

nominare	______________	vendere	______________
portare	______________	venire	______________
ridere	______________	cadere	______________
tacere	______________		

Übung 10 Auf einem italienischen Hinweisschild steht folgender Text:
E' **severamente vietato** l'**ingresso** a **tutte** le persone non **autorizzate**!

a) Überlegen Sie zuerst, welche lateinischen Wörter den fett gedruckten italienischen Wörtern zugrunde liegen.

____
____
____
____
____

b) Welche Information soll der Leser des Schildes erhalten?

____
____

2.2 Latein im Französischen

Der Süden Frankreichs ist schon sehr früh (um 120 v. Chr.) römische Provinz geworden (*provincia Romana* – Provence), bald sprachen die Provinzbewohner die Sprache ihrer Landesherren, Lateinisch. Später hat Gaius Iulius Caesar ganz Frankreich der römischen Herrschaft unterworfen, es wurde von römischer Kultur geprägt, die lateinische Sprache setzte sich gegen das ursprüngliche Keltische durch.

In dem großen und vor allem im Mittelalter in viele kulturell verschiedene Regionen sich aufteilenden Frankreich hat sich auch das Latein regional verschieden entwickelt, es gab unterschiedliche lateinische Dialekte: So ist das Provenzalische bis heute ein eigener regionaler Dialekt geblieben. Zunehmend setzte sich aber die Sprache von Paris, der Königsstadt, als Nationalsprache durch.

Obwohl sich das Französische in Form und Aussprache viel stärker vom antiken Latein entfernt hat als das Italienische, muss man kein Sprachgeschichtler sein, um in vielen französischen Wörtern die lateinische Wurzel zu entdecken. Ein paar Beispiele sollen die Sprachgeschichte **(Etymologie)** einiger französischer Wörter zeigen:

Beispiel

angoisse → Angst

Dem Wort liegt lateinisch *angustus* (eng) zugrunde. Schon in der Antike wird *angustia* (die Enge) für das beengende Gefühl der Angst gebraucht.

faire → machen, tun

Faire kommt von *facere* (machen). Das *e* zwischen den zwei Konsonanten fiel aus *(facre)*, das *c* vor Konsonant wurde zu *i* vokalisiert *(faire)*.

malade → krank

Malade geht zurück auf *male habitus* (in schlechtem Zustand befindlich).

oui → ja

Oui war im Lateinischen ein ganzer Satz: *Hoc illud est*, welcher verkürzt wurde und altfranzösich zu *oil* wurde, neufranzösisch zu *oui*.

compagnon → der Gefährte

Das Wort entstand aus Lateinisch *cum* (mit) und *panis* (Brot), im 6. Jahrhundert taucht das Wort bereits als *companio* auf: Es ist also der, mit dem man das Brot teilt.

Übung 11 Übersetzen Sie folgenden klassischen französichen Satz ins Lateinische:
Je t' aime.

____

ung 12 Welche lateinischen Wörter entdecken Sie in folgenden französischen Wörtern?

digne ____________________
dieu ____________________
faux-pas ____________________
famille ____________________
juste ____________________
lettre ____________________
erreur ____________________
don ____________________
similaire ____________________
surgir ____________________
esprit ____________________
décrire ____________________

2.3 Latein im Englischen

Das Englische, die Sprache der germanischen Angeln und Sachsen, ist vielfältig vom Lateinischen beeinflusst worden. Man kann sagen, dass die Engländer immer eine besondere Zuneigung zum Latein hatten.

Das zunächst keltische Britannien war schon im 1. Jahrhundert n. Chr. unter dem Kaiser Claudius und seinem Stiefsohn Nero römische Provinz geworden. Im 5. Jahrhundert besetzten aber die germanischen Angelsachsen das Land, welche freilich auch schon manches lateinische Wort in ihrem Gepäck hatten, wie zum Beispiel *tile* (Ziegel; lateinisch: *tegula*) oder *kitchen* (Küche; lateinisch: *coquina*). Der breiteste Strom des Latein kommt aber dann mit der Eroberung durch die Normannen aus der Normandie: Die neuen Herren bringen mit ihrem französischen Dialekt eine moderne Variante des Lateins nach England. Dieser wird zwar zunächst vor allem von der führenden normannischen Schicht gesprochen, aber bald auch zunehmend von den unteren Schichten der Angelsachsen übernommen.

In der Zeit der Renaissance im 15. und 16. Jahrhundert schwärmen dann die englischen Humanisten wie alle Humanisten Europas für die antiken Sprachen Griechisch und Latein. Diese Freude am lateinischen Denken und Sprechen blieb in England immer lebendig und führte in allen Jahrhunderten zur Aufnahme neuer lateinischer Wörter in den englischen Wortschatz, in den letzten Jahrhunderten zunehmend aus dem Bereich der Wissenschaftssprachen. Zählungen haben ergeben, dass fast 80 Prozent des heutigen gehobenen englischen Wortschatzes romanischen Ursprungs sind, also letztlich lateinischer Herkunft.

Wie das Englische mit dem Lateinischen die vielfältigsten Verbindungen eingeht, die Sprachen gewissermaßen miteinander verschmelzen, sollen zwei Beispiele zeigen: Die Endung *-able* ist im Englischen ein wichtiges Suffix für die Bildung von Adjektiven aus Verben:

Beispiel

to drink trinken	→	drinkable trinkbar
to agree zustimmen	→	agreeable annehmbar
to understand verstehen	→	understandable verständlich

Sprachgeschichtlich stammt *-able* vom lateinischen Wort *habilis* ab („leicht zu handhaben").

Das Englische hat auch eine große Zahl von lateinischen Präfixen übernommen, um Worte variieren zu können.

Beispiel

con- → consent – *Zustimmung*
de- → to derail – *entgleisen*
dis- → to disburden – *entlasten*
ex- → to exult – *jubeln*
in- → to imprison – *einkerkern*
sub- → suburb – *Vorstadt*

Übung 13 Bilden Sie mit dem Suffix *-able* zu folgenden englischen Verben das entsprechende Adjektiv, das Sie dann ins Deutsche übersetzen.

Verb	Übersetzung	Adjektiv	Übersetzung
to honour	ehren	______	______
to refute	widerlegen	______	______
to regret	bedauern	______	______
to service	nützen, dienen	______	______

Übung 14 Nun das schon bekannte Sprachspiel: Welche lateinischen Wörter sind in folgenden englischen Wörtern zu entdecken?

beef ______
camp ______
to occupy ______

council	______________
example	______________
present	______________
fame	______________
odious	______________
pirate	______________
to reign	______________

2.4 Lateinische Fremdwörter im Deutschen

Zwar war Deutschland weitgehend nicht Teil des Römischen Reiches, trotzdem drangen auch ins Deutsche lateinische Wörter als Lehnwörter ein (schon sehr früh z. B. *murus* – die Mauer, *tegula* –der Ziegel, *coquere* – kochen), aber Latein war in Deutschland immer die Sprache der Wissenschaft, der hohen Literatur, der Geisteskultur. Sehr vereinfacht lässt sich sagen: Das Volk sprach Deutsch, die Gelehrten schrieben Latein. So schlug Martin Luther, der durch seine Bibelübersetzung ins Deutsche zur Entwicklung einer deutschen Hochsprache maßgebend beitragen sollte, im Jahre 1517 seine 95 Thesen selbstverständlich in lateinischer Sprache an die Schlosskirche in Wittenberg. Als später der Professor Thomasius 1688 als erster deutscher Philosoph in Halle seine Vorlesungen in deutscher Sprache hielt, wurde das noch als ein Skandal empfunden.
Auch heute ist die Domäne des Lateinischen die Wissenschaft, in der man ohne die lateinischen Fremdwörter gar nicht mehr reden könnte. Gerade das Deutsche eignet sich deshalb besonders gut, die Rolle des Lateins in den Wissenschaftssprachen zu untersuchen. Dies soll an zwei Beispielen geschehen.
Es werden zunächst aus einem Geschichtsbuch über das „Zeitalter der europäischen Revolution 1780–1848“[1] die auf einer einzigen – beliebig ausgewählten Seite – stehenden lateinischen Fremdwörter herausgeschrieben:

eispiel

Fremdwörter	lateinische Wörter	*deutsche Übersetzung*
industrielle Revolution	industria, revolvere	*Fleiß, umwälzen*
Industrieproduktion	industria, producere	*Fleiß, hervorbringen*
geschichtsphilosophische Implikationen	philosophia, implicare	*Philosophie, einwickeln*

1 L. Bergeron, F. Furet, F. Koselleck: Das Zeitalter der europäischen Revolution 1780 –1848. Fischer Weltgeschichte. Bd. 26. Frankfurt: Fischer 1969, S. 13.

terminologische Probleme	terminus	*Begrenzung*
legitim	lex	*Gesetz*
Prozess der industriellen Entwicklung	procedere, industria	*fortschreiten, Fleiß*
Industrialisierung	industria	*Fleiß*
Struktur der Wirtschaft	structura	*Aufbau*
Produktionssteigerung	producere	*hervorbringen*
Textilindustrie	texere, industria	*weben, Fleiß*
revolutionär	revolvere	*umwälzen*
importieren	importare	*einführen*
Millionen Pfund	mille, pondus	*tausend, Gewicht*
Modernisierung	modernus	*neu* (von modo: *eben*)
Transportwesen	transportare	*überbringen*
gewerbliche Aktivität	agere	*betreiben*
in materieller Hinsicht	materia	*Stoff, Materie*
Zivilisationstypus	civilis	*bürgerlich, staatlich*

Im folgenden Text des Philosophen und Soziologen Jürgen Habermas ergeben vor allem die lateinischen Fremdwörter den gedanklichen Sinn, sie sind fett gedruckt:

„Ich möchte deshalb auf Durkheims Theorie der **Religion** *[religio]* eingehen, um das von Mead verfolgte **Rekonstruktionsprogramm** *[re-, construere]* zu vervollständigen. In Durkheims **Kollektivbewusstsein** *[colligere]* können wir eine vorsprachliche Wurzel **kommunikativen** *[communicare]* Handelns **identifizieren** *[idem, facere]*, die symbolischen Charakter hat und daher selbst noch **‚konstruiert'** *[construere]*, d. h. in eine **rekonstruktive** *[re-, construere]* Untersuchung **normengeleiteten** *[norma]* Handelns einbezogen werden kann. Durkheim unterscheidet freilich nicht hinreichend zwischen der über den **religiösen** *[religio]* Symbolismus hergestellten Gemeinsamkeit der **rituellen** *[ritus]* Praxis und einer sprachlich erzeugten **Intersubjektivität** *[inter, subicere]*."[2]

2 J. Habermas: Theorie des kommunikativen Handelns. Bd. 2. Frankfurt: Suhrkamp [6]1993, S. 74.

ung 15 Welche lateinischen Wörter entdecken Sie in folgenden lateinischen Fremdwörtern aus deutschen wissenschaftlichen Fachsprachen?

Multiplikation ______________________

Koordinate ______________________

Mutation ______________________

Extraktion ______________________

Jurisdiktion ______________________

legal ______________________

Komplex ______________________

frustriert ______________________

Exekutive ______________________

Majorität ______________________

Revolution ______________________

Säkularisation ______________________

3 Lösungen

Übung 1

a) occupata, conferebant
b) contulit
c) despiciunt
d) aderam, reddidisti
e) rediimus
f) prospicere
g) efferebat

Übung 2

a) Die Soldaten trugen nach der Eroberung (A) der Stadt viel Gold und Silber zusammen (A).
b) Nach seiner Rückkehr begab sich (B) Caesar sofort in die Kurie.
c) Nur törichte Menschen verachten (B) Sklaven.
d) Das Geld, mit dem ich dich unterstützte (B), hast du mir jetzt zurückgegeben (A).
e) Froh sind wir alle nach vielen Jahren in die Stadt zurückgekehrt (A).
f) Ein Familienvater muss immer für seine Familie sorgen (B).
g) Das ganze römische Volk rühmte (B) den Kaiser Augustus.

Übung 3

	pos. Begriff	Übersetzung
impatiens	patiens	geduldig
inhumanitas	humanitas	Menschlichkeit, Bildung
immemor	memor	eingedenk
dispar	par	gleich
impurus	purus	rein
insomnia	somnus	Schlaf

Übung 4

	Übersetzung
impatiens	ungeduldig
inhumanitas	Unmenschlichkeit, Unbildung
immemor	uneingedenk, nicht denkend an
dispar	ungleich
impurus	unrein, schmutzig
insomnia	Schlaflosigkeit

ung 5

a)

sane	sicherlich, gewiss
saniter	vernünftig (Adverb)
insanus	unbesonnen, wahnsinnig
sanifer	Heil bringend, gesund machend
sanare	heilen
sanitas	Gesundheit, Besonnenheit

b)

cognomen	Beiname
praenomen	Vorname
nominatio	Nennung, Benennung, Vorschlag eines Kandidaten
ignominia	Schimpf, Schande
nominalis	zum Namen gehörig
nominatus	namhaft, gefeiert
nominatim	namentlich (milites nominatim appellare – die Soldaten namentlich aufrufen)
nominare	benennen

ung 6

aurora	Morgenröte
aurifer	goldführend, goldhaltig
aurifex	Goldschmied
aurata	Goldfisch
auramentum	Goldgeschirr
auratura	Vergoldung
aurescere	goldfarben werden
aureolus	golden, goldig, liebreizend

ung 7

lat. Substantiv	Übersetzung	Erläuterung
fortuna	Schicksal	die höhere Macht, die das Leben des Menschen im Guten und Bösen bestimmt
fors	Zufall	ein nicht vorhersehbares Ereignis
casus	Zufall, Unfall	nicht vorhersehbares Ereignis mit negativer Auswirkung
sors	Lebenslos	ein Schicksal, das einem wie durch Los zufällt
res secundae	glückliche Lage	die glückliche Lage, die alle Dinge, die zum Glück beitragen, umfasst
felicitas	Glück	das Glück dessen, der immer „Glück hat“
fatum	Schicksal, Bestimmung	ein unabwendbares, selbst von den Göttern nicht beeinflussbares Schicksal

Übung 8

Italienisch	Lateinisch
bene	bene
tu	tu
vedere	videre
tempo	tempus
marito	maritus
molto	multus
mio, mia	meus, mea
mese	mensis
ora	hora
entrare	intrare

Übung 9

Italienisch	Deutsch
nominare	nennen
portare	bringen
ridere	lachen
tacere	schweigen
vendere	verkaufen
venire	kommen
cadere	fallen

Übung 10

a)

Italienisch	Lateinisch
severamente	severus (streng)
vietato	vetare (verbieten)
ingresso	ingredi (eintreten)
tutte	totus (ganz)
autorizzate	auctor (Urheber, Autorität)

b) Allen unbefugten Personen ist der Eintritt/Zugang strengstens verboten.

Übung 11 Te amo.

Übung 12

Französisch	Lateinisch	Deutsch
digne	dignus	würdig
dieu	deus	Gott
faux-pas	falsus passus	falscher Schritt
famille	familia	Familie
juste	iustus	gerecht
lettre	litterae	Brief

erreur	error	Irrtum
don	donum	Geschenk
similaire	similis	ähnlich
surgir	surgere	sich erheben
esprit	spiritus	Geist
décrire	describere	beschreiben

ng 13

Verb	Adjektiv	Übersetzung
to honour	honourable	ehrenwert
to refute	refutable	widerlegbar
to regret	regrettable	bedauernswert
to service	serviceable	nützlich, dienlich

ng 14

Englisch	Lateinisch	Deutsch
beef	bos, bovis	Rind
camp	campus	Feld
to occupy	occupare	besetzen
council	concilium	Versammlung
example	exemplum	Beispiel
present	praesens	anwesend
fame	fama	Gerücht
odious	odiosus	verhasst
pirate	pirata	Pirat
to reign	regnare	regieren

ng 15

Fachsprache	Lateinisch
Multiplikation	multus
Koordinate	cum, ordo
Mutation	mutare
Extraktion	extrahere
Jurisdiktion	ius, dicere
legal	lex
Komplex	complecti
frustriert	frustra
Majorität	maior
Revolution	re-volvere
Säkularisation	saeculum

Register zur alphabetischen Wortkunde

Notizen

Notizen

Ihre Meinung ist uns wichtig!

Ihre Anregungen sind uns immer willkommen. Bitte informieren Sie uns mit diesem Schein über Ihre Verbesserungsvorschläge!

Titel-Nr.	Seite	Vorschlag

Bitte hier abtrennen

Die echten Hilfen zum Lernen ... **STARK**

Zutreffendes bitte ankreuzen!

Die Absenderin/der Absender ist:

- ☐ Lehrer/in in den Klassenstufen: ____
- ☐ Fachbetreuer/in
  Fächer: ____
- ☐ Seminarlehrer/in
  Fächer: ____
- ☐ Regierungsfachberater/in
  Fächer: ____
- ☐ Oberstufenbetreuer/in
- ☐ Schulleiter/in
- ☐ Referendar/in, Termin 2. Staatsexamen: ____
- ☐ Leiter/in Lehrerbibliothek
- ☐ Leiter/in Schülerbibliothek
- ☐ Sekretariat
- ☐ Eltern
- ☐ Schüler/in, Klasse: ____
- ☐ Sonstiges: ____

Unterrichtsfächer: (Bei Lehrkräften!)

____

19-V1T_GW
Bitte ausfüllen und im frankierten Umschlag an uns einsenden. Für Fensterkuverts geeignet.

STARK Verlag
Postfach 1852
85318 Freising

Kennen Sie Ihre Kundennummer? Bitte hier eintragen.

Absender (Bitte in Druckbuchstaben!)

Name/Vorname

Straße/Nr.

PLZ/Ort/Ortsteil

Telefon privat

Geburtsjahr

E-Mail

Schule/Schulstempel (Bitte immer angeben!)

Bitte hier abtrennen

(Bitte blättern Sie um)

Geschichte

Geschichte 1 – Baden-Württemberg – Die Entwicklung der politischen Kultur im Kaiserreich und in der Weimarer Republik · Die Zerstörung der Demokratie durch den Nationalsozialismus ... Best.-Nr. 84761
Geschichte 2 – Baden-Württemberg Deutschland seit 1945 · Die bipolare Welt ... Best.-Nr. 84762
Geschichte 1 – Bayern Vom 19. Jahrhundert bis zum Ende des Nationalsozialismus ... Best.-Nr. 94781
Geschichte 2 – Bayern Deutschland seit 1945 · Europäische Einigung Weltpolitik der Gegenwart ... Best.-Nr. 94782
Geschichte 1 – NRW Vom 19. Jahrhundert bis zum Ende des Nationalsozialismus ... Best.-Nr. 54761
Geschichte 2 – NRW Deutschland und Europa nach dem Zweiten Weltkrieg ... Best.-Nr. 54762
Geschichte 1 – Deutschland vom 19. Jahrhundert bis zum Ende des Nationalsozialismus ... Best.-Nr. 84763
Geschichte 2 – Deutschland seit 1945 · Europäische Einigung Weltpolitik der Gegenwart ... Best.-Nr. 84764
Methoden Geschichte ... Best.-Nr. 94789
Abitur-Wissen Die Antike ... Best.-Nr. 94783
Abitur-Wissen Das Mittelalter ... Best.-Nr. 94788
Abitur-Wissen Die Französische Revolution ... Best.-Nr. 947810
Abitur-Wissen Die Ära Bismarck: Entstehung und Entwicklung des deutschen Nationalstaats ... Best.-Nr. 94784
Abitur-Wissen Imperialismus und Erster Weltkrieg Best.-Nr. 94785
Abitur-Wissen Die Weimarer Republik ... Best.-Nr. 47815
Abitur-Wissen Nationalsozialismus und Zweiter Weltkrieg ... Best.-Nr. 94786
Abitur-Wissen Deutschland von 1945 bis zur Gegenwart ... Best.-Nr. 947811
Kompakt-Wissen Abitur Geschichte Oberstufe ... Best.-Nr. 947601
Lexikon Geschichte ... Best.-Nr. 94787

Kunst

Abitur-Wissen Malerei, Plastik, Architektur (G8) . Best.-Nr. 949618
Abitur-Wissen Malerei (G9) ... Best.-Nr. 94961
Abitur-Wissen Analyse und Interpretation (G9) .. Best.-Nr. 94962

Wirtschaft/Recht

Wirtschaft – Markt und Preise, Die Zukunft der Sozialen Marktwirtschaft ... Best.-Nr. 84851
Betriebswirtschaft ... Best.-Nr. 94851
Abitur-Wissen Volkswirtschaft ... Best.-Nr. 94881
Abitur-Wissen Rechtslehre ... Best.-Nr. 94882
Kompakt-Wissen Abitur Volkswirtschaft ... Best.-Nr. 948501

Politik

Abitur-Wissen Internationale Beziehungen ... Best.-Nr. 94802
Abitur-Wissen Demokratie ... Best.-Nr. 94803
Abitur-Wissen Sozialpolitik ... Best.-Nr. 94804
Abitur-Wissen Die Europäische Einigung ... Best.-Nr. 94805
Abitur-Wissen Politische Theorie ... Best.-Nr. 94806
Kompakt-Wissen Abitur Politik/Sozialkunde ... Best.-Nr. 948001
Lexikon Politik/Sozialkunde ... Best.-Nr. 94801

Ethik

Ethische Positionen in historischer Entwicklung ... Best.-Nr. 94951
Abitur-Wissen Philosophische Ethik ... Best.-Nr. 94952
Abitur-Wissen Glück und Sinnerfüllung ... Best.-Nr. 94953
Abitur-Wissen Freiheit und Determination ... Best.-Nr. 94954
Abitur-Wissen Recht und Gerechtigkeit ... Best.-Nr. 94955
Abitur-Wissen Religion und Weltanschauungen .. Best.-Nr. 94956
Abitur-Wissen Politische Ethik ... Best.-Nr. 94958

Religion

Katholische Religion 1 – gk ... Best.-Nr. 84991
Katholische Religion 2 – gk ... Best.-Nr. 84992
Abitur-Wissen GK ev. Religion Der Mensch zwischen Gott und Welt ... Best.-Nr. 94973
Abitur-Wissen GK ev. Religion Die Verantwortung des Christen in der Welt ... Best.-Nr. 94974
Abitur-Wissen Glaube und Naturwissenschaft ... Best.-Nr. 94977
Abitur-Wissen Jesus Christus ... Best.-Nr. 94978
Abitur-Wissen Die Frage nach dem Menschen ... Best.-Nr. 94990
Abitur-Wissen Die Bibel ... Best.-Nr. 94992
Abitur-Wissen Christliche Ethik ... Best.-Nr. 94993

Erziehungswissenschaft

Erziehungswissenschaft NRW GK/LK ... Best.-Nr. 54941
Erziehungswissenschaft ... Best.-Nr. 94941

Pädagogik/Psychologie

Grundwissen Pädagogik ... Best.-Nr. 92480
Grundwissen Psychologie ... Best.-Nr. 92481

Sport

Bewegungslehre · Sportpsychologie ... Best.-Nr. 94981
Trainingslehre ... Best.-Nr. 94982

STARK

Bestellungen bitte direkt an:

STARK Verlagsgesellschaft mbH & Co. KG · Postfach 1852 · 85318 Freising
Tel. 0180 3 179000* · Fax 0180 3 179001* · www.stark-verlag.de · info@stark-verlag.de
* 9 Cent pro Min. aus dem deutschen Festnetz

19-VIT_GW